Tierische Verwandlung

Kinderkostüme nähen mit Masken, Mützen & mehr

Franziska Lange • Amac Garbe

migo im Verlag Friedrich Oetinger • Hamburg

Inhaltsverzeichnis

Einleitung

Einmal stark sein wie ein Löwe, schnurren wie ein Kätzchen oder galoppieren wie ein Pferd – das wünschen sich die meisten Kinder. Sie lieben es, sich zu verwandeln, und entdecken spielerisch die Welt. Dass die auch das Risiko birgt, sich mit Viren anzustecken, bereitet Eltern nicht erst seit der Corona-Pandemie Sorge: Jedes Jahr aufs Neue beschert die Erkältungswelle Schniefnasen. Mit den Anleitungen in diesem Buch wollen wir beides verbinden, die Freude am Verkleiden und den Schutz vor Ansteckung.

Die Basis jedes Tieres bildet eine Mund-Nasen-Bedeckung, die für Schulkinder schon zum täglichen Begleiter geworden ist. Auch für jüngere Kinder gehört ein Mundschutz längst zum Bus- und Bahnfahren oder in öffentlichen Einrichtungen dazu. Unterschiedliche Accessoires verwandeln dieses Muss in ein fröhliches Kinderspiel. Sie setzen der Verwandlung das sprichwörtliche Tüpfelchen auf das i. Mützen, Haarreifen mit Ohren, Schwänzchen zum Umbinden und sogar ein magisches Einhorn ergänzen die Verkleidung. Jedes Element kann einzeln für sich getragen werden oder aber Teil eines ganzen Kostüms sein.

Über den kreativen Schutz vor Ansteckung hinweg sind Eltern, Großeltern und Erzieher*innen mit den Anleitungen in diesem Buch bestens für die Verkleidungsideen der Kinder gerüstet. Im Handumdrehen lassen sich die einzelnen Kostümelemente für die Karnevals- und Faschingszeit kombinieren, sorgen beim nächsten Kinderfest für leuchtende Kinderaugen und bereichern jede Verkleidungskiste das ganze Jahr hindurch um fantasievolle Spielideen.

Viel Freude beim Nähen und Verwandeln wünschen

Franziska Lange & Amac Garbe

Die Größen

Die Mützen in diesem Buch sind in drei Doppelgrößen konzipiert und decken Kopfumfänge von 49 cm bis 54 cm ab. Für größere Köpfe lassen sich die Mützen durch Zugaben in der Weite individuell anpassen. Die Masken sind für Kinder im Alter zwischen 3 und 10 Jahren ausgelegt. Je nach Statur der Kinder kann die kleinere Maske auch älteren Kindern passen und umgekehrt. Nähe für einen ersten Größentest eine einfache Maske mit der Schnittschablone „Maskenrückseite", die im Schnittmuster zu jedem Tier enthalten ist.

Die Stoffauswahl

Nicht nur für Kindersachen sind Stoffe in Bio-Qualität zu empfehlen. Bei ihnen ist davon auszugehen, dass sie keine giftigen Stoffe enthalten. Die Modelle in diesem Buch sind auf Jersey und Baumwoll-Plüsch ausgelegt. Diese Stoffe sind elastisch und machen die Kostüme extra bequem. Nichtsdestotrotz ist es möglich, die Tiermasken auch aus Webware zu nähen. Dann ist allerdings ein vorheriger Größentest umso wichtiger.

Die Schnittmuster

Alle Schnittmuster in diesem Buch lassen sich herunterladen und bequem im A4-Format am heimischen Drucker ausdrucken. Das mühsame Kopieren unübersichtlicher Schnittmusterbögen gehört damit der Vergangenheit an. So kannst du direkt loslegen.

Besuche die Website *www.tierische-verwandlung.de* oder scanne den nachfolgenden QR-Code, um zum entsprechenden Schnittmuster-PDF zu gelangen.

Die Grundanleitungen

Applizieren

Beim Applizieren werden Teile aus Stoff ausgeschnitten und so auf einen Trägerstoff genäht, dass sich Motive ergeben. So entstehen zum Beispiel die Gesichter der Tiermasken in diesem Buch. Grundsätzlich eignen sich alle Stoffe zum Applizieren. Strickstoffe wie Jersey erleichtern die Arbeit allerdings, weil sie nicht ausfransen. So können mit dem einfachen Geradstich der Nähmaschine angenäht werden.

Das wichtigste Hilfsmittel fürs Applizieren ist ein Klebegewebe zum Aufbügeln (z. B. Vliesofix®). Das Vlies ist auf ein Trägerpapier aufgebracht und erleichtert das Nähen ungemein, da das Papier halb transparent ist und Motivvorlagen durchscheinen lässt. So kannst du Applikationsvorlagen direkt abpausen.

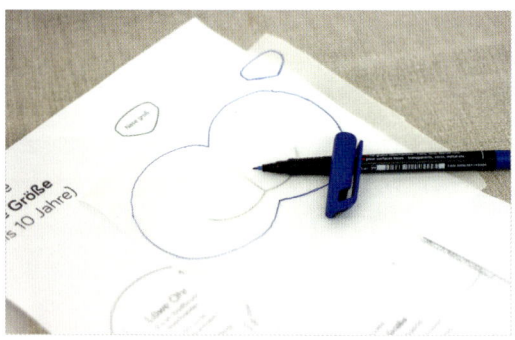

Lege zum Abpausen das Klebevlies mit der rauen Seite nach unten auf die Vorlage und zeichne die durchscheinenden Motivlinien ab.

Schneide die Teile nach dem Übertragen zunächst grob aus.

Bügle die grob ausgeschnittenen Vliesteile anschließend mit der rauen Seite nach unten auf die Rückseite der Stoffe für die Motivteile.

Schneide erst jetzt die Motivteile entlang ihrer Konturen exakt aus und entferne das Trägerpapier vom Vlies.

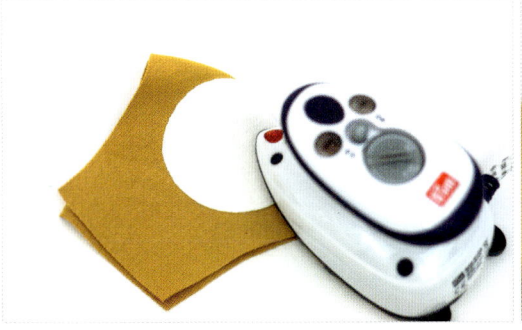

Positioniere die mit dem Klebevlies versehenen Teile auf der rechten Stoffseite des Trägerstoffs und bügle sie mit etwas Druck auf. Wähle am Bügeleisen eine geringe Temperatur, am besten die Einstellung für Wolle. So fixiert verrutschen die Teile nicht mehr.

Umnähe ihre Konturen. Wähle dafür den einfachen Geradstich. Bei Motiven, die aus mehreren Ebenen bestehen, nähst du zunächst die Teile der unteren Ebene auf und baust so das Motiv Ebene für Ebene auf.

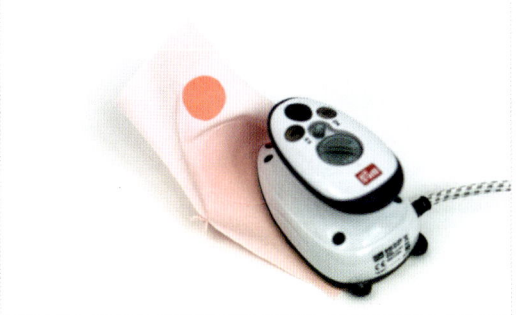

Tipp: Durch die bereits genähten Rundungen wölben sich die Masken leicht auf. Bügle die Applikationsteile so auf, dass sie sich an die Wölbung anschmiegen und beim Nähen nicht verrutschen können.

Bei kleinen Details oder Rundungen empfiehlt es sich, mit einer Stichlänge von etwa 1,5 bis 2 mm zu nähen.

Applikationsmotive genau positionieren

Nutze die Markierung in der Schnittschablone, um Applikationsmotive genau zu positionieren. Schneide dazu die einzelnen Teile so aus der Schablone, dass sie sich zur Seite klappen lassen. So kannst du die Schablone auch später noch zum Zuschneiden verwenden und gleichzeitig das entstandene Loch nutzen, um die benötigte Position direkt abzuzeichnen.

Linien übertragen und nähen

Um die Tiergesichter besser nachzuahmen, sind oft noch Linien notwendig. Mäulchen, Schnäuzchen und Schnurrhaare zeichnest du mit einem Trickmarker direkt auf den Stoff und nähst sie mit einem Geradstich nach.

Es gibt Marker, deren Tinte nach einiger Zeit von selbst verblasst. Andere löschst du durch Bügeln oder Wassertröpfchen.

Bei Rundungen im Motiv stoppst du die Maschine und lässt die Nadel im Stoff stehen. Hebe dann das Füßchen, drehe den Stoff, senke das Füßchen wieder, um weiterzunähen. Das erfordert zwar etwas Geduld, aber auf diese Weise kommst du souverän um jede Rundung.

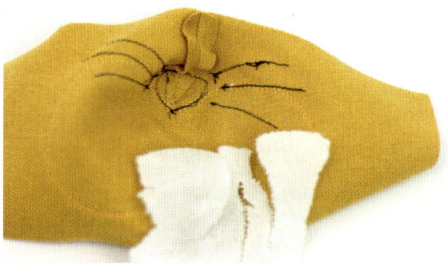

Bei dünnen Stoffen braucht die Nähmaschine manchmal etwas Unterstützung. Dann hilft es, die Rückseite des Stoffes mit einem Rest ausreißbaren Stickvlieses zu stabilisieren. Alternativ kannst du eine Lage Küchenkrepp verwenden.

Das Vlies erinnert an Papier und erleichtert den Stofftransport. Nach dem Nähen lässt es sich einfach entfernen.

Details sticken

Mache Tiere haben Sommersprossen. Diese kleinen Punkte stickst du am besten mit dem Knötchenstich und Stickgarn von Hand auf.

 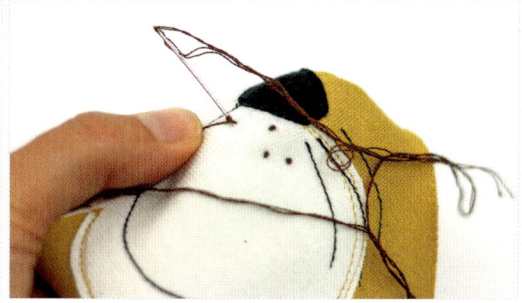

Fixere dafür den Faden mit einem Knoten auf der Stoffrückseite. Stich von hinten in den Stoff und lasse die Nadel dort auf der Stoffvorderseite austreten, wo der Punkt entstehen soll. Umwickele die Nadel zwei- bis dreimal.

Straffe den Faden mit der freien Hand und führe die Nadel durch die ursprüngliche Einstichstelle zur Stoffrückseite zurück. Der Faden bleibt die ganze Zeit über gespannt. So entsteht ein Knötchen.

Ohren nähen

Die Ohren zu den einzelnen Masken werden immer nach demselben Prinzip genäht. Schneide jeweils ein Ohr im Stoffbruch zu. Wichtig: Für die Ohren legst du den Stoff so doppelt, dass eine Bruchkante im 90°-Winkel zum Fadenlauf entsteht! Nur so sind die Ohren nachher wie benötigt in der Breite dehnbar.

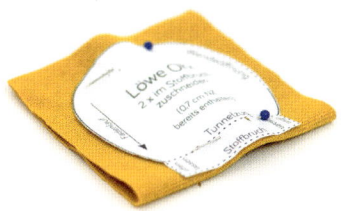 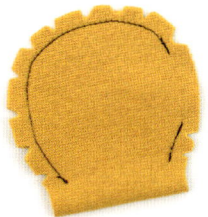

Je nach Stoffauswahl kann es nötig sein, die Ohren mit Volumenvlies zu füttern. Das ist jeweils in der Zuschnittliste angegeben.

Nähe das Ohr rechts auf rechts zusammen. Falls es mit Volumenvlies gefüttert werden soll, würde das Vlies unter dem Stoff liegen. Beginne und beende die Naht 1 cm vor der Stoffbruchkante. Lasse außerdem eine Öffnung zum Wenden! Schneide die Nahtzugaben ein.

Wende das Ohr durch die Öffnung. Nimm dafür am besten ein Stäbchen zu Hilfe. Lege an der Öffnung die Nahtzugaben nach innen und schließe die Öffnung von Hand (siehe nachfolgend „Wendeöffnung von Hand schließen").

Steppe das Ohr von rechts ab und nähe, wenn notwendig, weitere Motivlinien auf.

Wendeöffnung von Hand schließen

Die Wendeöffnungen an den Masken schließen sich automatisch, wenn du die Maske final von rechts absteppst. An den Innenmützen und Ohren empfiehlt es sich dagegen, die Öffnungen von Hand zu schließen. Das geht am besten mit dem Leiter- bzw. Matratzenstich. Lege dafür die Nahtzugaben an der Öffnung nach innen.

Stich von innen mit der Nadel unter der Nahtzugabe ein und führe sie nach außen, sodass der Knoten im Inneren der Öffnung verschwindet. Führe die Nadel von einer Seite zu anderen, sodass sich der Faden über die Öffnung legt und an eine Leiter erinnert. Stich stets nur in den Stoff der Nahtzugabe, so bleibt der Faden von außen unsichtbar.

Straffe den Faden zwischendurch behutsam. Dabei ziehen sich die Kanten zusammen, und die Öffnung schließt sich Stück für Stück.

Am Ende der Öffnung verknotest du den Faden und ziehst ihn ins Innere des Nähstücks.

Jerseynudeln selber machen

Jerseynudeln sind schmale Stoffstreifen aus Jersey. Sie sind sehr weich, dennoch elastisch und deshalb bequemer als Gummilitze. Wähle dafür einen Jerseystoff mit Elasthan und richte ihn so aus, dass die Schnittlinie im 90°-Winkel zum Fadenlauf verläuft. Für die Kindermasken haben sich Jerseystreifen mit 1,5 cm Breite bewährt.

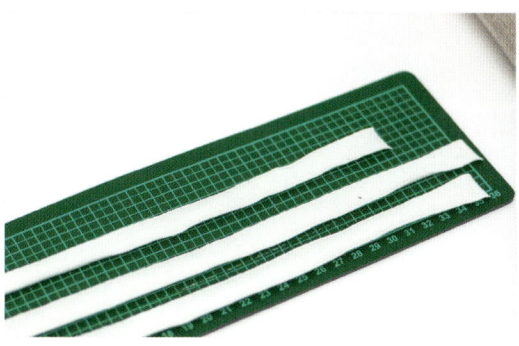

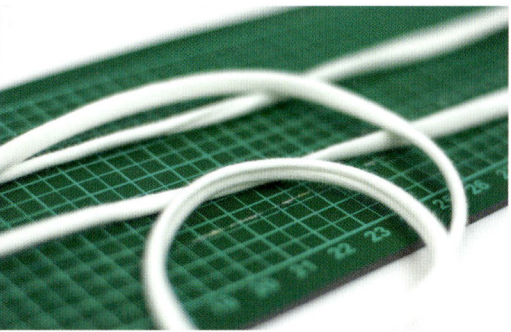

Dehne die zugeschnittenen Streifen kräftig der Länge nach. Dabei rollen sich ihre Schnittkanten nach innen, und es entstehen sogenannte Jerseynudeln. Weil Jersey nicht ausfranst, sparst du auch jegliches Einfassen der Kanten.

So sind die Fäden bereit, um sie als Bindebänder für Masken und Hauben zu verwenden.

Grundanleitung einfache Maske nähen

Die einfachen Masken in diesem Buch sind für Nähanfänger geeignet, weil sie ohne Teilungen auskommen. Beginne stets mit der Vorderseite der Maske.

Schneide die Teile für die einfache Maske im Stoffbruch zu. Lege dazu den Stoff so doppelt, dass die rechte Stoffseite innen liegt. Die Faltkante markiert den Stoffbruch. Wichtig ist, dass der Bruch in der Regel parallel zum Fadenlauf verläuft. Die markierte Bruchlinie der Schablone muss direkt an der Bruchkante des Stoffes liegen.

Nähe zunächst die obere und untere Rundung zusammen. Das sind die sogenannten Abnäher. Setze diese Naht so, dass ihr Ende am Stoffbruch sitzt und schön rund ausläuft. Wiederhole diese Schritte am Zuschnitt für die Maskenrückseite.

Schneide die Abnäher bis zur Naht ein, ohne die Naht zu beschädigen. Das ist wichtig, damit später nichts knubbelt.

Bügle die Nahtzugaben auf der Stoffrückseite auseinander. Die Maske erhält dadurch ihre typische Wölbung. Sie ist wichtig, damit sie sich später schön an das Gesicht anschmiegen kann. Wiederhole diese Schritte für die Maskenrückseite.

Bringe wie in der Grundanleitung „Applizieren" (Seite 6) beschrieben die Motivteile für das Gesicht an.

Positioniere die Maskenrückseite so auf der Maskenvorderseite, dass die rechten Stoffseiten zueinander zeigen. Das aufgenähte Gesicht wird also verdeckt. Achte darauf, dass sich die Nahtzugaben genau treffen.

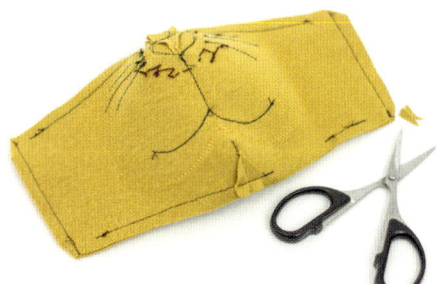

Nähe zunächst die beiden kurzen geraden Kanten zusammen, danach die obere und untere Kante. Beginne und beende die obere und untere Naht mit ca. 1,5 cm Abstand zur geraden Kante. Durch diese kleinen Öffnungen wird nachher das Bindeband gezogen. Wichtig: Lass an der Unterseite eine Öffnung zum Wenden und schneide die Nahtzugaben zurück! Vor allem an den Ecken ist das wichtig.

Wende die Maske durch die Öffnung. Forme die Ecken sorgfältig aus. Nimm dafür ein Stäbchen oder einen Pinselstiel zu Hilfe. Lege die Nahtzugaben an der Öffnung nach innen. Steppe die Maske von rechts knappkantig ab. Dabei wird die Öffnung geschlossen. Lass beim Absteppen der geraden Kanten einen Abstand von ca. 1,5 cm für den Tunnelzug.

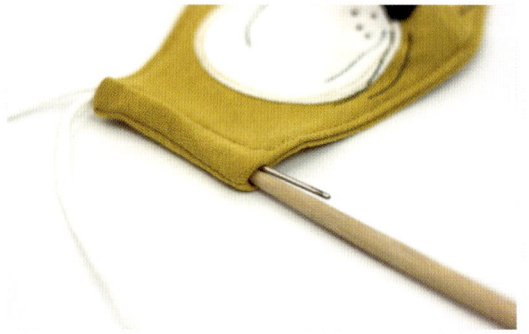

Fädele eine Jerseynudel in eine Wollnadel mit großem Öhr, um die Jerseynudel durch den entstandenen Tunnel zu ziehen. Das geht leichter, wenn du ein Stäbchen in die Öffnung des Tunnels schiebst und es als Führung für die Durchzugsnadel nutzt. Auf diese Weise rutschen die Nahtzugaben an der Tunnelöffnung nicht nach draußen.

Verknote die Jerseynudel in der passenden Länge und ziehe den Knoten in den Tunnel. So stört er nicht beim Tragen der Maske.

Die einfache Maske ist fertig.

Grundanleitung geteilte Maske nähen

Die geteilten Masken werden aus verschiedenen Stoffteilen zusammengesetzt, um zu gewährleisten, dass immer nur maximal drei Stofflagen vor dem Mund des Kindes sind. Das ist wichtig, damit die Masken das Atmen nicht erschweren.

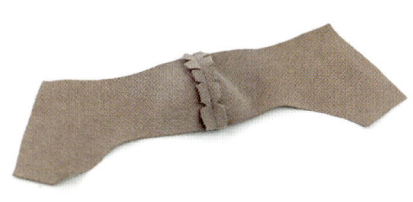

In der Regel ist es notwendig, zuerst die Abnäher der Teile zusammenzunähen. Dafür nähst du die Teile jeweils an den oberen und unteren Rundungen an der vorderen Mitte zusammen.

Klappe anschließend die Teile auseinander und bügele die Nahtzugaben flach.

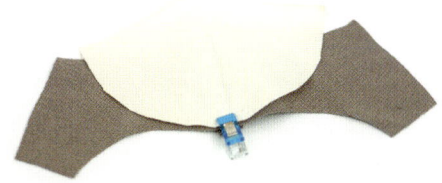

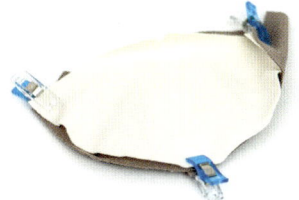

Positioniere die zusammenzunähenden Teile rechts auf rechts aufeinander. Achte darauf, dass zunächst die jeweilige Mitte der Teile aufeinandertrifft. Setze dort die erste Stoffklammer oder Stecknadel.

Lege auch die Enden der jeweiligen Teile passend aufeinander und fixiere sie wieder.

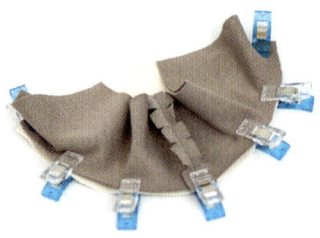

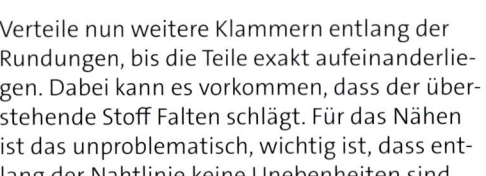

Verteile nun weitere Klammern entlang der Rundungen, bis die Teile exakt aufeinanderliegen. Dabei kann es vorkommen, dass der überstehende Stoff Falten schlägt. Für das Nähen ist das unproblematisch, wichtig ist, dass entlang der Nahtlinie keine Unebenheiten sind.

Nähe die Teile entlang der Rundung zusammen und schneide die Nahtzugaben ein.

Bügle die Nahtzugaben auf der Stoffrückseite so, dass sie in eine Richtung zeigen. Steppe die Teile von rechts knappkantig ab.

Weitere Teile nähst du nach demselben Prinzip an. Fixiere auch sie zunächst an Mitte und Enden und nähe sie rechts auf rechts zusammen. Steppe auch diese Nähte von rechts ab.

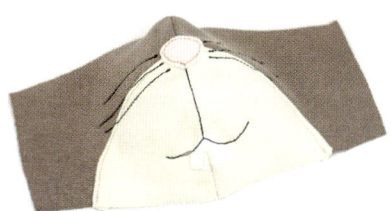

Wenn die Maskenvorderseite aus ihren Einzelteilen zusammengenäht ist, applizierst du wie beschrieben die restlichen Motivteile. Die weiteren Schritte sind identisch wie bei der einfachen Maske.

Überprüfe, dass an der Maskenvorderseite die Abnäher genäht sind. Nähe dann die Maskenrückseite rechts auf rechts auf die Maskenvorderseite. Lass wie beschrieben Öffnungen für den Tunnelzug und zum Wenden.

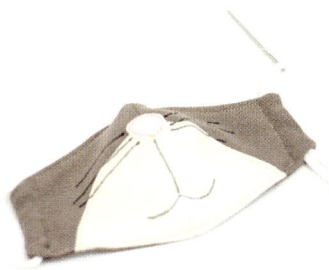

Wende die Maske durch die Öffnung, steppe sie knappkantig ab und ziehe Jerseynudeln durch die Tunnelzüge), wie schon in der „Grundanleitung einfache Maske nähen" (Seite 12) beschrieben.

Grundanleitung Mütze nähen

Die Mützen bestehen aus einer Außen- und einer Innenmütze. Ihr Grundschnitt ist immer gleich. Die Außenmütze lässt sich je nach Tier mit Ohren, Zacken oder Mähne verschieden gestalten.

Schneide die Innen- und Außenmütze jeweils einmal im Stoffbruch zu.

Lege jeweils die beiden äußeren Bögen der Außenmütze so aufeinander, dass die rechte Stoffseite innen liegt. Nähe die Bögen entlang der Rundung zusammen. Wenn die Mütze Ohren bekommen soll, liegen diese zwischen den beiden Bögen.

Lege die Außenmütze im Stoffbruch zusammen, sodass die beiden zusammengenähten Bögen eine halbrunde Form ergeben. Nähe die Mütze ausgehend von der Nackenmarkierung bis zur Stirnrundung zusammen.

An der obersten Stelle der Mütze treffen durch die Nahtzugaben sechs Lagen Stoff aufeinander. Damit die Stelle später nicht knubbelt, legst du die Nahtzugaben der Bögen in entgegengesetzte Richtungen.

Nähe die Innenmütze nach demselben Prinzip. Einzige Ausnahme: Lass in der Naht im Nackenbereich eine Wendeöffnung von ca. 10 cm.

Wende die Außenmütze und schiebe sie in die nicht gewendete Innenmütze. Die rechten Stoffseiten beider Teile liegen im Inneren.

Nähe beide Mützen entlang der unteren Kante zusammen. Beachte: Diese Naht muss später viel Zug aushalten. Nähe sie deshalb mit einem dehnbaren Stich, zum Beispiel einem schmal eingestellten Zickzackstich.

Wende die Mütze durch die verbliebene Öffnung auf rechts.

Schließe die Öffnung von Hand (siehe Grundanleitung „Wendeöffnung von Hand schließen", Seite 10).

Schiebe die Innenmütze abschließend in die Außenmütze. Damit sie nicht ungewollt herausrutscht, kannst du sie mit ein paar Stichen von Hand im Inneren fixieren.

Grundanleitung Haube nähen

Die Hauben erinnern an die Mützen kleiner Babys. Ihr Vorteil ist, dass sich Ohren so einnähen lassen, dass sie seitlich am Kopf sitzen. Die Arbeitsschritte sind immer gleich, einzig die Form der Ohren unterscheidet sich je nach Tier. Jede Haube besteht aus einer Außen- und einer Innenhaube, die ineinander genäht wird.

Beginne stets mit der äußeren Haube. Positioniere das erste Ohr auf einem der beiden Seitenteile. Die Position ist auf den Schnittteilen markiert. Das Ohr muss auf der rechten Stoffseite des Seitenteils sitzen. Wiederhole diesen Schritt am zweiten Seitenteil.

Nähe den Zwischenstreifen rechts auf rechts an das Seitenteil, das Ohr liegt zwischen den beiden Teilen. Fixiere dafür zunächst Anfang und Ende des Streifens am Seitenteil und setze danach entlang der Rundung Stoffklammern. Wichtig: Achte darauf, dass die schmale Kante des Streifens die Stirnmarkierung des Seitenteils treffen muss!

Nähe das zweite Seitenteil ebenfalls rechts auf rechts an den Zwischenstreifen. Auch hier sitzt das Ohr zwischen den Teilen.

Auf rechts gedreht, ist die Haube schon gut zu erkennen.

Arbeite die Innenmütze nach demselben Prinzip: Nähe den Zwischenstreifen rechts auf rechts an das Seitenteil.

Nähe auch hier das zweite Seitenteil rechts auf rechts an den Zwischenstreifen. Achtung: Lass diesmal beim Zusammennähen eine Öffnung zum Wenden im Bereich des Nackens!

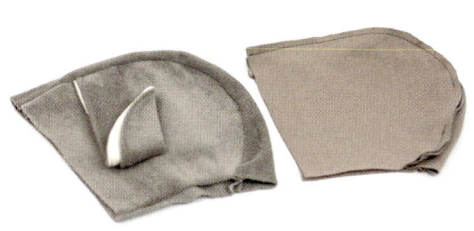

Wende die innere Haube noch nicht! Klappe an der äußeren Haube die Ohren ein, um sie nicht aus Versehen mit anzunähen. Schiebe die innere in die äußere Haube, sodass die rechten Stoffseiten zueinander zeigen.

Nähe die Hauben zunächst entlang der unteren Kante zusammen. Anschließend folgt die Naht an der vorderen Kante. Beginne und beende diese mit ca. 1,5 cm Abstand zur unteren Kante.

Wie bei den Masken verläuft an der unteren Kante später ein Tunnelzug für das Bindeband.

Fasse durch die Öffnung an der inneren Haube und ziehe die äußere Haube heraus.

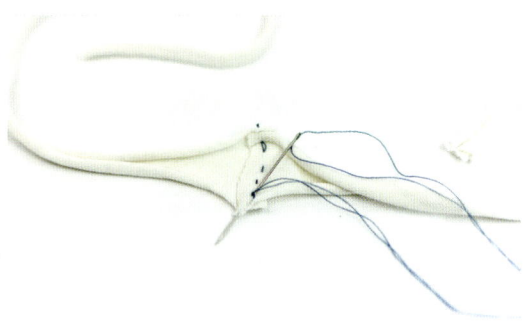

Forme die Haube sorgfältig aus und nähe an der Unterkante einen 1,5 cm breiten Tunnel ein.

Das Bindeband braucht eine Sollbruchstelle, an der es im Notfall reißen kann. Rolle dafür zwei Jerseynudeln auseinander und nähe sie mit ein paar Stichen von Hand zusammen.

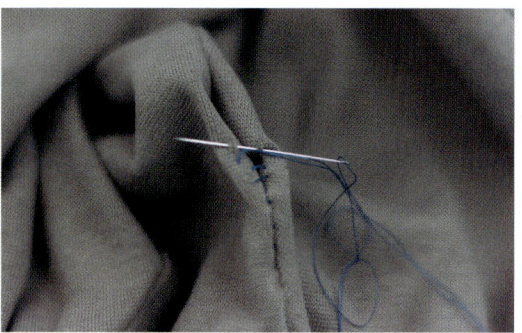

Ziehe die Jerseynudel durch den Tunnelzug an der Haube. Achte darauf, dass die Enden höchstens 22 cm aus dem Tunnelzug herausragen. Längere Bänder könnten sich beim Spielen verheddern, und es würde Strangulationsgefahr für das Kind bestehen!

Schließe im letzten Arbeitsschritt die Wendeöffnung an der Innenseite (siehe Grundanleitung „Wendeöffnung von Hand schließen", Seite 10).

Wichtige Nähbegriffe

Absteppen

Beim Absteppen nähst du eine Naht im Geradstich auf der rechten Stoffseite des Nähstücks. Meist wird sie gesetzt, um mehrere Stofflagen miteinander zu verbinden, Nahtzugaben zu fixieren oder Dekorationsnähte zu setzen.

Fadenlauf (FL)

Bezeichnet die Webrichtung des Stoffes. Der Fadenlauf verläuft immer parallel zur Webkante (Seitenkante) des Stoffes und ist vor allem bei Stoffen mit Muster von Bedeutung. Gestrickte Stoffe sind quer zum Fadenlauf am dehnbarsten. Die Markierung für den Fadenlauf findest du oft als Abkürzung „FL" auf den Schnittmustern.

Gegengleich zuschneiden

Damit sie beim Zusammennähen aufeinanderpassen, müssen Teile oft gegengleich zugeschnitten werden, also so, dass sie spiegelverkehrt vorliegen. Am leichtesten erreicht man das, indem man die Teile in doppelter Stofflage zuschneidet. Lege dafür den Stoff so aufeinander, dass die rechte Stoffseite innen liegt.

Heftnaht

Eine Heftnaht dient zum kurzfristigen Fixieren zweier Teile. Meist wird sie innerhalb der Nahtzugabe genäht, sie verläuft dann ein paar Millimeter vom Rand des Teils entfernt. Auf diese Weise ist sie später nicht mehr zu sehen.

Nahtzugabe (NZ)

Die Nahtzugabe ist der Überstand an den Kanten der Schnittteile, der nötig ist, um Platz zum Zusammennähen zu schaffen. In der Regel beträgt die Nahtzugabe 0,7 cm. Sie ist bei den Schnittmustern für die Modelle in diesem Buch bereits enthalten.

Rechts und links

Rechts und links bezeichnen Vorder- bzw. Rückseite eines Stoffs. Die rechte Stoffseite ist die Vorderseite, also die „schöne" Seite mit dem Stoffmuster. Die linke Stoffseite ist die Rückseite eines Stoffs.

Rechts auf rechts

Sollen Stoffe rechts auf rechts zusammengelegt werden, zeigen die rechten, also die „schönen" Stoffseiten zueinander. Sie liegen somit im Inneren der aufeinandergelegten Stoffe.

Stoffbruch

Der Stoffbruch ist die Falzkante, die entsteht, wenn der Stoff doppelt gelegt wird. Für symmetrische Stoffteile legst du das Papierschnittmuster entlang des Stoffbruchs auf den Stoff und schneidest die Teile im Ganzen zu. Achte stets auf die Fadenlaufmarkierung der Schnittschablonen.

Majestätischer Unterseeräuber – Hai

Hai: Maske

Schwierigkeit ●●●

GRÖSSEN

kleine Maske (3 bis 5 Jahre)/große Maske (6 bis 10 Jahre)

MATERIAL

- Stoff 1: Jersey in Hellblau, 40 cm × 15 cm / 50 cm × 15 cm
- Stoff 2: Jersey in Dunkelblau, 13 cm × 10 cm / 14 cm × 12 cm
- Stoff 3: Jersey in Rot, 15 cm × 15 cm / 16 cm × 16 cm
- Stoff 4: Jersey in Weiß, 13 cm × 13 cm / 15 cm × 15 cm
- Klebevlies (z. B. Vliesofix®), 13 cm × 13 cm / 15 cm × 15 cm
- Jerseynudel, 30 cm

(Alle Maßangaben in Breite × Höhe, kleine Größe/große Größe)

ZUSCHNEIDEN

Nach dem Zuschneiden alle Markierungen von den Schnittmustern auf die Stoffteile übertragen.

Stoff 1:
1 × Maskenrückseite im Stoffbruch
2 × inneres Seitenteil

Stoff 2:
2 × äußeres Seitenteil

Stoff 3:
1 × Mittelteil im Stoffbruch

Stoff 4:
1 × Applikation Zähne

Maske nähen

Hinweis: Eine detaillierte Erklärung zu den einzelnen Nähschritten findest du in der „Grundanleitung geteilte Maske nähen", Seite 15.

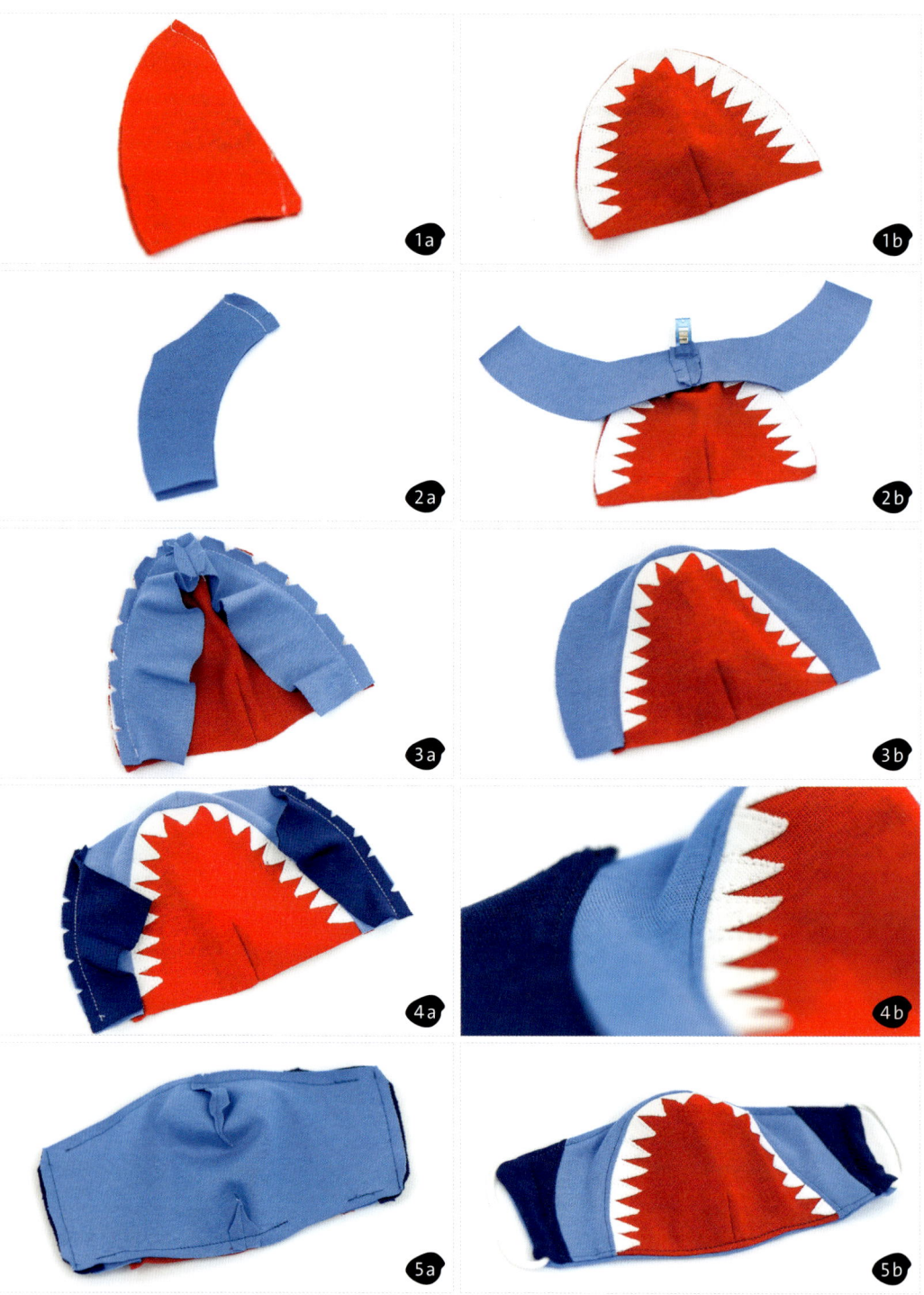

1. Falte das Mittelteil im Stoffbruch, die rechte Stoffseite ist innen. Nähe die obere und die untere Rundung. Appliziere die Zähne.

2. Lege die inneren Seitenteile rechts auf rechts aufeinander. Nähe sie entlang der oberen Rundung zusammen.

3. Nähe das Mittelteil rechts auf rechts an das innere Seitenteil.

4. Nähe die äußeren Seitenteile rechts auf rechts an die inneren Seitenteile und steppe die Naht von rechts ab.

5. Nähe an der Maskenrückseite die beiden Abnäher. Nähe die Maskenrückseite rechts auf rechts auf die Maskenvorderseite. Lass dabei wie in der „Grundanleitung geteilte Maske nähen" (Seite 15) beschrieben Öffnungen für den Tunnelzug und für die Wendeöffnung. Wende die Maske auf rechts, steppe sie so ab, dass an den geraden Kanten ein Tunnelzug entsteht. Ziehe anschließend jeweils eine Jerseynudel in jeden Tunnel.

Hai: Mütze

Schwierigkeit

GRÖSSEN

49/50, 51/52, 53/54

MATERIAL

- Stoff 1: Jersey in Hellblau, 90 cm × 30 cm
- Stoff 2: Jersey in Dunkelblau, 80 cm × 30 cm
- Stoff 5: Jersey in Dunkelgrau, 15 cm × 15 cm
- Dünnes Volumenvlies zum Aufbügeln (z. B. Vlieseline® H 630), 40 cm × 10 cm
- Dünner Schaumstoff (z. B. Vlieseline® Style-Vil), 25 cm × 10 cm
- Klebevlies (z. B. Vliesofix®), 15 cm × 15 cm

(Alle Maßangaben in Breite × Höhe, die Materialangaben gelten für die größte Größe.)

ZUSCHNEIDEN

Nach dem Zuschneiden alle Markierungen von den Schnittmustern auf die Stoffteile übertragen.

Stoff 1:
2 × Mütze Unterteil 1
2 × Innenmütze

Stoff 2:
2 × Mütze Oberteil
2 × Mütze Unterteil 2
2 × Rückenflosse (dunkelblau) + Volumenvlies
4 × Seitenflosse (dunkelblau) + Volumenvlies

Stoff 5:
2 × Applikation Kiemen

Schaumstoff:
1 × Schwanzflosse

Mütze nähen

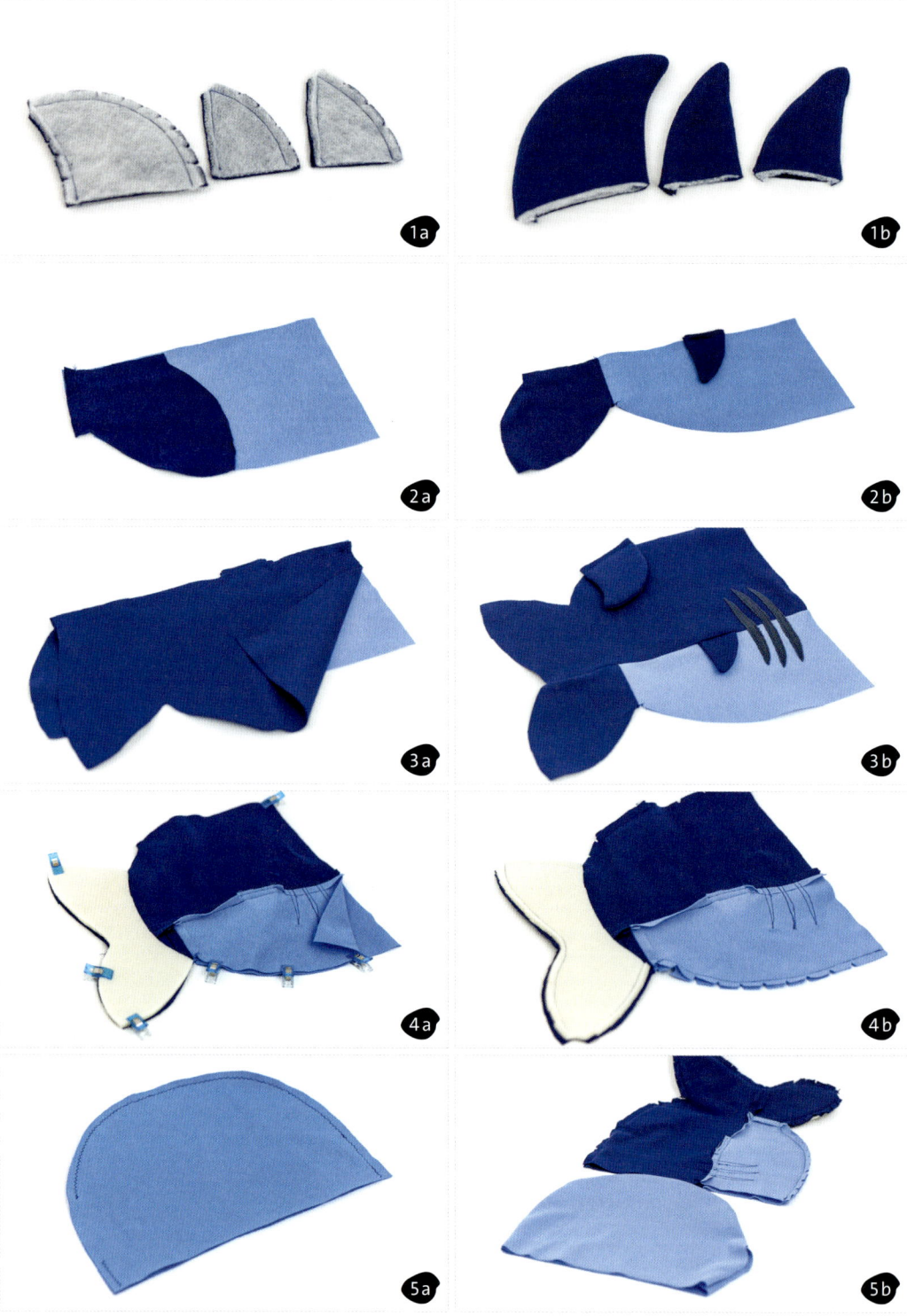

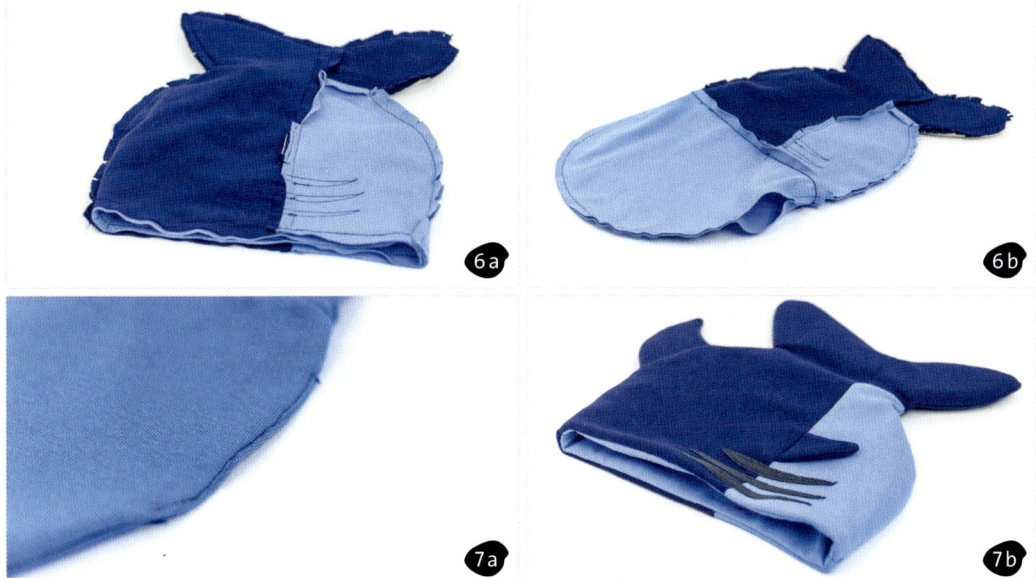

6a

6b

7a

7b

1. Nähe jeweils zwei Zuschnitte für die Rückenflosse und die seitlichen Flossen rechts auf rechts aufeinander. Lass die Unterkanten offen zum Wenden. Schneide die Nahtzugaben ein. Wende die Flossen auf rechts.

2. Nähe Unterteil 1 mit der kurzen Kante rechts auf rechts an Unterteil 2. Bügle die Nahtzugaben auseinander. Hefte die seitlichen Flossen rechts auf rechts markierungsgemäß auf das Unterteil. Wiederhole diese Schritte für die zweite Unterseite.

3. Nähe das vorbereitete Unterteil entlang der langen Kante rechts auf rechts an das Oberteil. Die seitliche Flosse liegt jeweils dazwischen. Hefte anschließend die Rückenflosse wie im Schnittteil markiert an eines der beiden Oberteile. Appliziere die Kiemen (siehe Grundanleitung „Applizieren", Seite 6).

4. Nähe die beiden Mützenteile rechts auf rechts zusammen. Fasse dabei den Flossenzuschnitt aus Schaumstoff im Bereich der Flossen mit ein.

5. Nähe die beiden Zuschnitte für die Innenmütze entlang der Rundung zusammen. Lass dabei eine Wendeöffnung im Nacken! Die Unterkante bleibt offen. Wende die Innenmütze auf rechts.

6. Schiebe die Innenmütze so in die umgewendete Außenmütze, dass die rechten Stoffseiten zueinander zeigen. Wichtig: Achte darauf, dass die Nackenseite der Innenmütze sich mit der Nackenseite der Außenmütze trifft! Nähe die Mützenteile entlang der geraden Kante zusammen. Ziehe die Innenmütze aus der Außenmütze heraus und wende die gesamte Mütze durch die Öffnung.

7. Schließe die Wendeöffnung. Schiebe die Innenmütze in die Außenmütze. Fixiere sie mit ein paar Stichen von Hand wie in der Grundanleitung „Wendeöffnung von Hand schließen" (Seite 10) beschrieben, damit sie nicht herausrutschen kann.

Starker Partner – Pferd

Pferd: Maske

Schwierigkeit

GRÖSSEN

kleine Maske (3 bis 5 Jahre)/große Maske (6 bis 10 Jahre)

MATERIAL

- Stoff 1: Jersey in Schokoladenbraun, 45 cm × 15 cm / 50 cm × 15 cm
- Stoff 2: Jersey in Natur, 15 cm × 15 cm / 20 cm × 15 cm
- Stoff 3: Jersey in Schwarz, 5 cm × 5 cm / 5 cm × 5 cm
- Stoff 4: Jersey in Rosa, 3 cm × 3 cm / 3 cm × 3 cm
- Klebevlies (z. B. Vliesofix®), 10 cm × 10 cm / 10 cm × 10 cm
- Jerseynudel, 30 cm

(Alle Maßangaben in Breite × Höhe, kleine Größe/große Größe)

ZUSCHNEIDEN

Nach dem Zuschneiden alle Markierungen von den Schnittmustern auf die Stoffteile übertragen.

Stoff 1:
1 × Maskenrückseite im Stoffbruch
1 × Seitenteil im Stoffbruch

Stoff 2:
1 × Mittelteil im Stoffbruch

Stoff 3:
2 × Applikation Nüstern

Stoff 4:
2 × Applikation Wange

Maske nähen

Hinweis: Eine detaillierte Erklärung zu den einzelnen Nähschritten findest du in der „Grundanleitung geteilte Maske nähen", Seite 15.

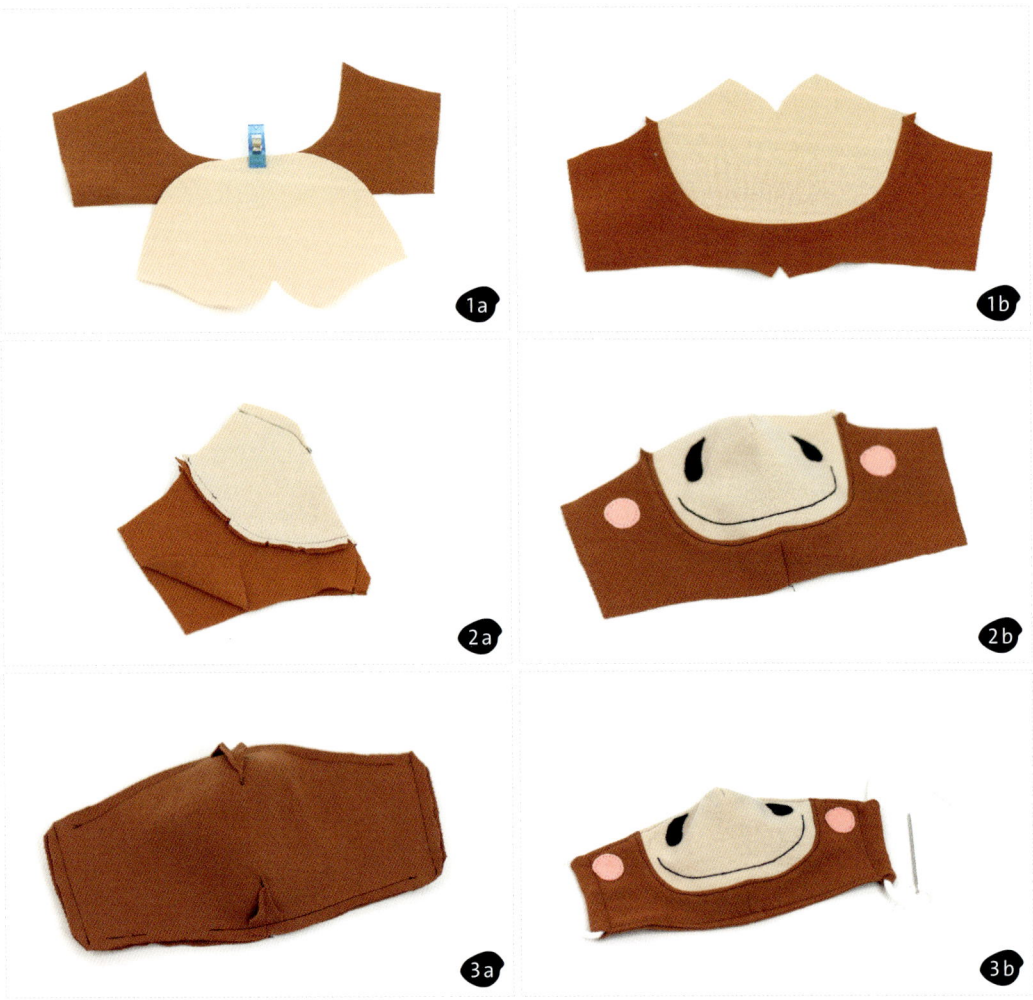

1. Passe das Mittelteil rechts auf rechts in das ausgeklappte Seitenteil ein. Nähe beide Teile zusammen. Bügle die Nahtzugaben zu einer Seite und steppe sie von rechts knappkantig ab.

2. Lege das Teil rechts auf rechts im Stoffbruch aufeinander. Nähe die obere und untere Rundung zusammen. Appliziere Nüstern und Wangen (siehe Grundanleitung „Applizieren", Seite 6) und nähe die Linie für das Maul auf.

3. Nähe an der Maskenrückseite die beiden Rundungen und stelle die Maske wie in der „Grundanleitung einfache Maske nähen" (Seite 15) beschrieben fertig.

Pferd: Mütze

Schwierigkeit

ZUSCHNEIDEN

Nach dem Zuschneiden alle Markierungen von den Schnittmustern auf die Stoffteile übertragen.

Stoff 1:
1 × Mütze im Stoffbruch
4 × Ohr

Stoff 2:
1 × Mütze im Stoffbruch
2 × Applikation Innenohr
1 × Quadrat (35 cm × 15 cm) in 1 cm breite Streifen schneiden

Stoff 3:
1 × Quadrat (35 cm × 15 cm) in 1 cm breite Streifen schneiden

Stoff 4:
1 × Quadrat (35 cm × 15 cm) in 1 cm breite Streifen schneiden

Mütze nähen

Hinweis: Eine detaillierte Erklärung zu den einzelnen Nähschritten findest du in der „Grundanleitung Mütze nähen", Seite 18.

5a

5b

1. Appliziere das Innenohr auf zwei Ohrzuschnitte aus Stoff 1 (siehe Grundanleitung
   „Applizieren", Seite 6). Nähe jeweils
   einen Ohrzuschnitt mit Applikation und einen Ohrzuschnitt ohne Applikation rechts
   auf rechts zusammen. Lass die Unterkante
   offen.

2. Wende das Ohr auf rechts, lege es der
   Länge nach zusammen und fixiere es an
   der unteren Kante. Arbeite das zweite Ohr
   genauso.

3. Fixiere das Ohr markierungsgemäß rechts
   auf rechts auf dem Mützenzuschnitt aus
   Stoff 1. Das Ohr sitzt zwischen dem 1. und
   dem 2. Bogen. Klappe den Zuschnitt rechts
   auf rechts zusammen, sodass sich die Bögen genau treffen. Das Ohr liegt zwischen
   den Bögen. Nähe die Bögen entlang der
   Rundung zusammen, fasse das Ohr dabei
   mit ein.

4. Nähe das zweite Ohr in den gegenüberlie-
   genden Bogen ein. Nimm für die Mähne
   jeweils drei Jerseystreifen in unterschied-
   lichen Farben und nähe sie leicht überlappend rechts auf rechts markierungsgemäß
   an die Mütze.

5. Nähe das Teil im Stoffbruch zusammen, sodass die Mähne im Inneren liegt und mit-
   gefasst wird. Stelle die Innenmütze nach
   demselben Prinzip fertig und nähe beide
   Mützenteile wie in der „Grundanleitung
   Mütze nähen" (Seite 18) beschrieben
   zusammen.

Magisches Wesen – Einhorn

Einhorn: Haarreif

Schwierigkeit ●●○

GRÖSSEN

Einheitsgröße

MATERIAL

- Stoff 1: Jersey in Türkis, 15 cm × 20 cm
- Stoff 2: Jersey in Hellrosa, 25 × 10 cm
- Stoff 3: Jersey in Dunkelrosa, 15 cm × 10 cm
- Stoff 4: Jersey in Honiggelb, 15 cm × 10 cm
- Stoff 5: Jersey in Beere, 15 cm × 10 cm
- Stoff 6: Jersey in Hellgrün, 20 cm × 10 cm
- Stoff 7: Jersey in Hellblau, 35 cm × 30 cm
- Klebevlies (z. B. Vliesofix®), 30 cm × 15 cm
- Volumenvlies, 10 mm dick, 15 cm × 10 cm
- Mit Stoff bezogener Haarreif, 1 cm breit

(Alle Maßangaben in Breite × Höhe, kleine Größe/große Größe)

ZUSCHNEIDEN

Nach dem Zuschneiden alle Markierungen von den Schnittmustern auf die Stoffteile übertragen.

Stoff 1:
2 × Ohr im Stoffbruch

Stoff 2:
3 × Blume
2 × Applikation Innenohr

Stoff 3:
2 × Blume

Stoff 4:
2 × Blume

Stoff 5:
2 × Blume

Stoff 6:
6 × Blatt

Stoff 7:
1 × Horn im Stoffbruch

Volumenvlies:
2 × Vliesschablone Ohr

Klebevlies:
1 × grau unterlegter Bereich
des Horns

Haarreif nähen

1. Appliziere jeweils ein Innenohr rechts auf rechts auf einen Ohrzuschnitt aus Stoff 1. Stelle die Ohren fertig wie in Grundanleitung „Ohren nähen" (Seite 9) beschrieben.

2. Lege den Hornzuschnitt rechts auf rechts im Stoffbruch aufeinander. Nähe die beiden geraden Kanten zusammen. Die untere lange Kante bleibt offen. Schneide die Nahtzugaben zurück und wende das Teil auf rechts. Bügle das Klebevlies auf die rechte Stoffseite.

3. Rolle das Teil von der längeren Kante her straff auf. Bügle das Teil bei jeder Umrundung, sodass das Horn durch das Klebevlies fixiert wird.

4. Nähe von Hand entlang der Rollkanten, damit sich das Horn nicht mehr von selbst entrollen kann. Schiebe die Ohren auf den Haarreifen und nähe das Horn von Hand in der Mitte des Reifes fest.

5. Rolle die Spirale für die Blumen von innen her auf, sodass eine kleine Rose entsteht. Fixiere sie mit Stichen von Hand an der Rückseite der Blume.

6. Fertige 9 Rosen in verschiedenen Farben. Nähe an sechs der Rosen Blätter an.

7. Verteile die Blumen um das Horn herum und nähe sie von Hand an den Haarreifen.

Folge für die Einhorn-Maske der Anleitung für die Pferde-Maske ab Seite 31.

Mutiger Riese – Dino

Dino: Maske

Schwierigkeit

GRÖSSEN

kleine Maske (3 bis 5 Jahre)/große Maske (6 bis 10 Jahre)

MATERIAL

- Stoff 1: Jersey in Dunkelgrün, 20 cm × 15 cm / 25 cm × 15 cm
- Stoff 2: Jersey in Hellgrün, 45 cm × 15 cm / 50 cm × 15 cm
- Stoff 3: Jersey in Weiß, 20 cm × 10 cm / 25 cm × 10 cm
- Stoff 4: Jersey in Schwarz, 2 cm × 3 cm / 3 cm × 4 cm
- Klebevlies (z. B. Vliesofix®), 20 cm × 10 cm / 25 cm × 10 cm
- Jerseynudel, 30 cm

(Alle Maßangaben in Breite × Höhe, kleine Größe/große Größe)

ZUSCHNEIDEN

Nach dem Zuschneiden alle Markierungen von den Schnittmustern auf die Stoffteile übertragen.

Stoff 1:
1 × obere Schnauze im Stoffbruch

Stoff 2:
1 × Maskenrückseite im Stoffbruch
1 × untere Schnauze

Stoff 3:
1 × Applikation Zähne

Stoff 4:
1 × Applikation Nüstern

Maske nähen

Hinweis: Eine detaillierte Erklärung zu den einzelnen Nähschritten findest du in der „Grundanleitung geteilte Maske nähen", Seite 15.

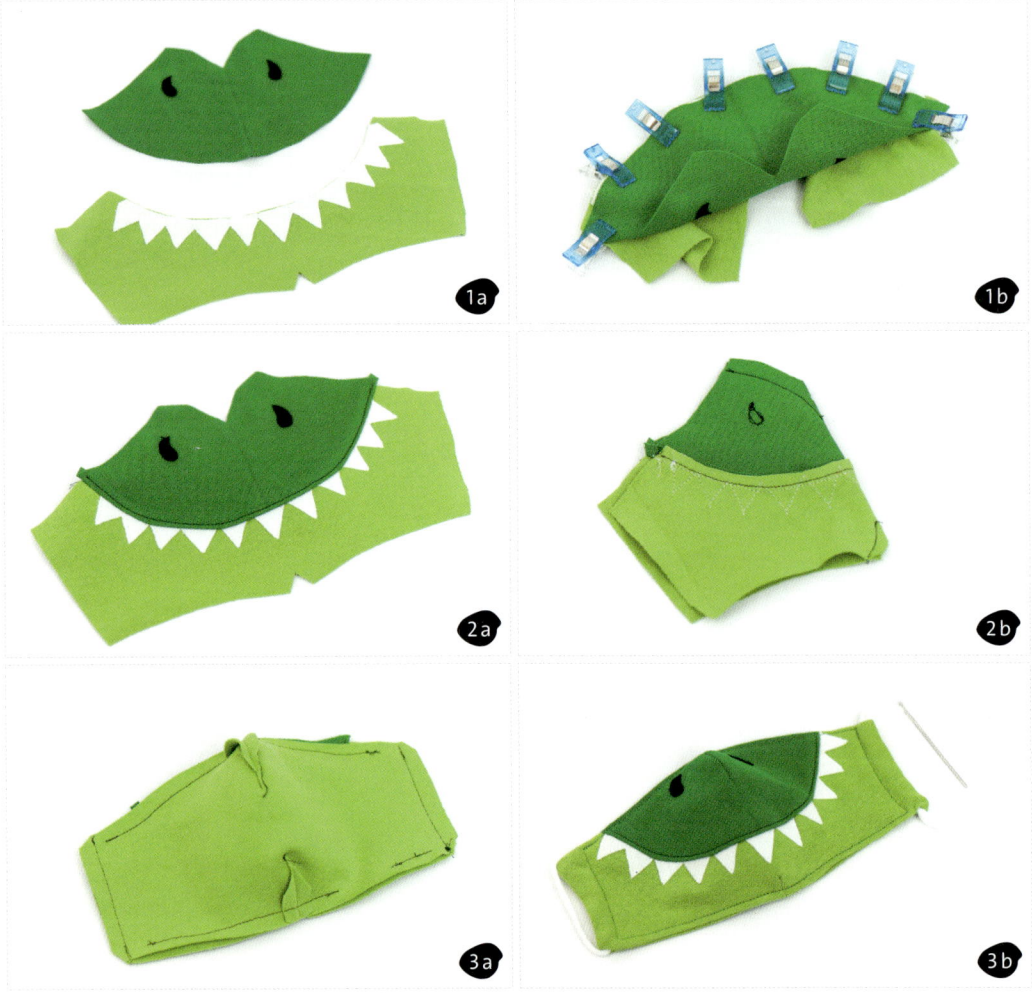

1. Appliziere die Zähne auf die rechte Stoffseite der unteren Schnauze und die Nüstern auf die obere Schnauze (siehe Grundanleitung „Applizieren", Seite 6). Nähe die untere Schnauze rechts auf rechts an die obere Schnauze.

2. Bügle die Nahtzugaben in eine Richtung und steppe die obere Schnauze von rechts knappkantig ab. Lege die Maske rechts auf rechts im Stoffbruch zusammen. Nähe die obere und untere Rundung.

3. Nähe an der Maskenrückseite die beiden Rundungen und stelle die Maske wie in der „Grundanleitung einfache Maske nähen" (Seite 12) beschrieben fertig.

Dino: Mütze

Schwierigkeit

GRÖSSEN

49/50, 51/52, 53/54

MATERIAL

- Stoff 1: Jersey in Dunkelgrün, 65 cm × 25 cm
- Stoff 2: Jersey in Hellgrün, 65 cm × 25 cm
- Stoff 3: Jersey in Honiggelb, 70 cm × 10 cm
- Dünnes Volumenvlies zum Aufbügeln (z. B. Vlieseline® H 630), 70 cm × 10 cm

(Alle Maßangaben in Breite × Höhe, die Materialangaben gelten für die größte Größe.)

ZUSCHNEIDEN

Nach dem Zuschneiden alle Markierungen von den Schnittmustern auf die Stoffteile übertragen.

Stoff 1:
1 × Mütze im Stoffbruch
2 × Ohr

Stoff 2:
1 × Mütze im Stoffbruch
2 × Ohr

Stoff 3:
14 × Zacke (mit Volumenvlies verstärken)

Mütze nähen

Hinweis: Eine detaillierte Erklärung zu den einzelnen Nähschritten findest du in der „Grundanleitung Mütze nähen", Seite 18.

1. Nähe jeweils zwei mit Volumenvlies verstärkte Zackenzuschnitte rechts auf rechts zusammen. Die untere Seite bleibt offen. Wende die Zacke auf rechts. Fertige nach diesem Prinzip sieben Zacken an. Nähe einen Ohrzuschnitt aus Stoff 1 rechts auf rechts auf einen Ohrzuschnitt aus Stoff 2. Die untere Seite bleibt offen. Wende das Ohr. Nähe das zweite Ohr genauso.

2. Klappe die Ohren der Länge nach zusammen und fixiere sie markierungsgemäß rechts auf rechts auf dem Mützenzuschnitt aus Stoff 1. Ein Ohr sitzt zwischen dem 1. und dem 2. Bogen, das zweite Ohr zwischen dem 3. und dem 4. Bogen. Klappe den Zuschnitt rechts auf rechts zusammen, sodass sich der 1. und der 2. Bogen sowie der 3. und der 4. Bogen genau treffen. Die Ohren liegen zwischen den Bögen. Nähe die Bögen entlang der Rundung zusammen, fasse die Ohren dabei mit ein.

3. Verteile die Zacken rechts auf rechts entlang des ersten der beiden verbliebenen Bögen. Nähe sie mit einer Heftnaht innerhalb der Nahtzugabe an.

4. Lege die Mütze im Stoffbruch zusammen. Nähe sie im Nacken beginnend entlang der verbliebenen Rundung zusammen, fasse dabei die Zacken im Inneren mit. Stelle die Innenmütze nach demselben Prinzip fertig und nähe beide Mützenteile wie in der „Grundanleitung Mütze nähen" (Seite 18) beschrieben zusammen.

Hoppelnder Hüpfer – Hase

Hase: Maske

Schwierigkeit ●●●

GRÖSSEN

kleine Maske (3 bis 5 Jahre)/große Maske (6 bis 10 Jahre)

MATERIAL

- Stoff 1: Jersey in Taupe, 50 cm × 15 cm / 55 cm × 15 cm
- Stoff 2: Jersey in Natur, 15 cm × 10 cm / 20 cm × 10 cm
- Stoff 3: Jersey in Rosa, 3 cm × 3 cm / 4 cm × 4 cm
- Stoff 4: Jersey in Weiß, 3 cm × 3 cm / 4 cm × 4 cm
- Klebevlies (z. B. Vliesofix®), 5 cm × 5 cm / 5 cm × 5 cm
- Jerseynudel, 30 cm

(Alle Maßangaben in Breite × Höhe, kleine Größe/große Größe)

ZUSCHNEIDEN

Nach dem Zuschneiden alle Markierungen von den Schnittmustern auf die Stoffteile übertragen.

Stoff 1:
1 × Maskenrückseite im Stoffbruch
2 × Seitenteil

Stoff 2:
1 × Mittelteil im Stoffbruch

Stoff 3:
1 × Applikation Nase

Stoff 4:
1 × Applikation Zähne

Maske nähen

Hinweis: Eine detaillierte Erklärung zu den einzelnen Nähschritten findest du in der „Grundanleitung geteilte Maske nähen", Seite 15.

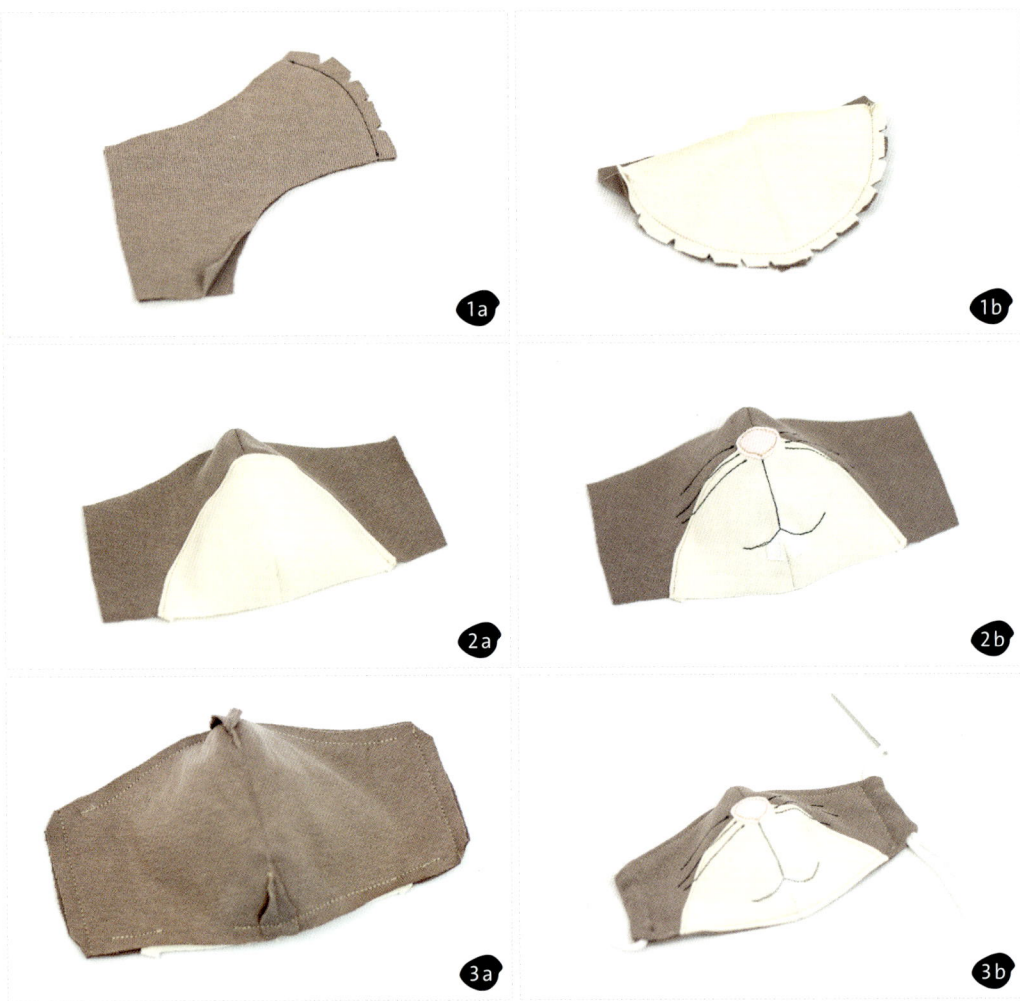

1. Nähe die Seitenteile rechts auf rechts entlang der Rundung zusammen. Nähe das Mittelteil rechts auf rechts an das Seitenteil (siehe „Grundanleitung geteilte Maske nähen", Seite 15).

2. Steppe das Mittelteil knappkantig von rechts ab. Appliziere die Nase und nähe die Linien für das Gesicht auf (siehe Grundanleitung „Applizieren", Seite 6).

3. Nähe an der Maskenrückseite die beiden Rundungen und stelle die Maske fertig wie in der „Grundanleitung einfache Maske nähen" (Seite 12) beschrieben.

Hase: Haube

Schwierigkeit ●●●

GRÖSSEN

49/50, 51/52, 53/54

MATERIAL

- Stoff 1: Strickfrottee in Taupe, 80 cm × 45 cm
- Stoff 2: Jersey in Taupe, 80 cm × 45 cm
- Stoff 3: Jersey in Natur, 30 cm × 30 cm
- Jerseynudel, 22 cm lang

(Alle Maßangaben in Breite × Höhe, die Materialangaben gelten für die größte Größe.)

ZUSCHNEIDEN

Nach dem Zuschneiden alle Markierungen von den Schnittmustern auf die Stoffteile übertragen.

Stoff 1:
2 × Hasenhaube Seitenteil
1 × Hasenhaube Zwischenstreifen
2 × Hasenhaube Ohr

Stoff 2:
2 × Hasenhaube Seitenteil
1 × Hasenhaube Zwischenstreifen

Stoff 3:
2 × Hasenhaube Ohr

Haube nähen

Hinweis: Eine detaillierte Erklärung zu den einzelnen Nähschritten findest du in der „Grundanleitung Haube nähen", Seite 20.

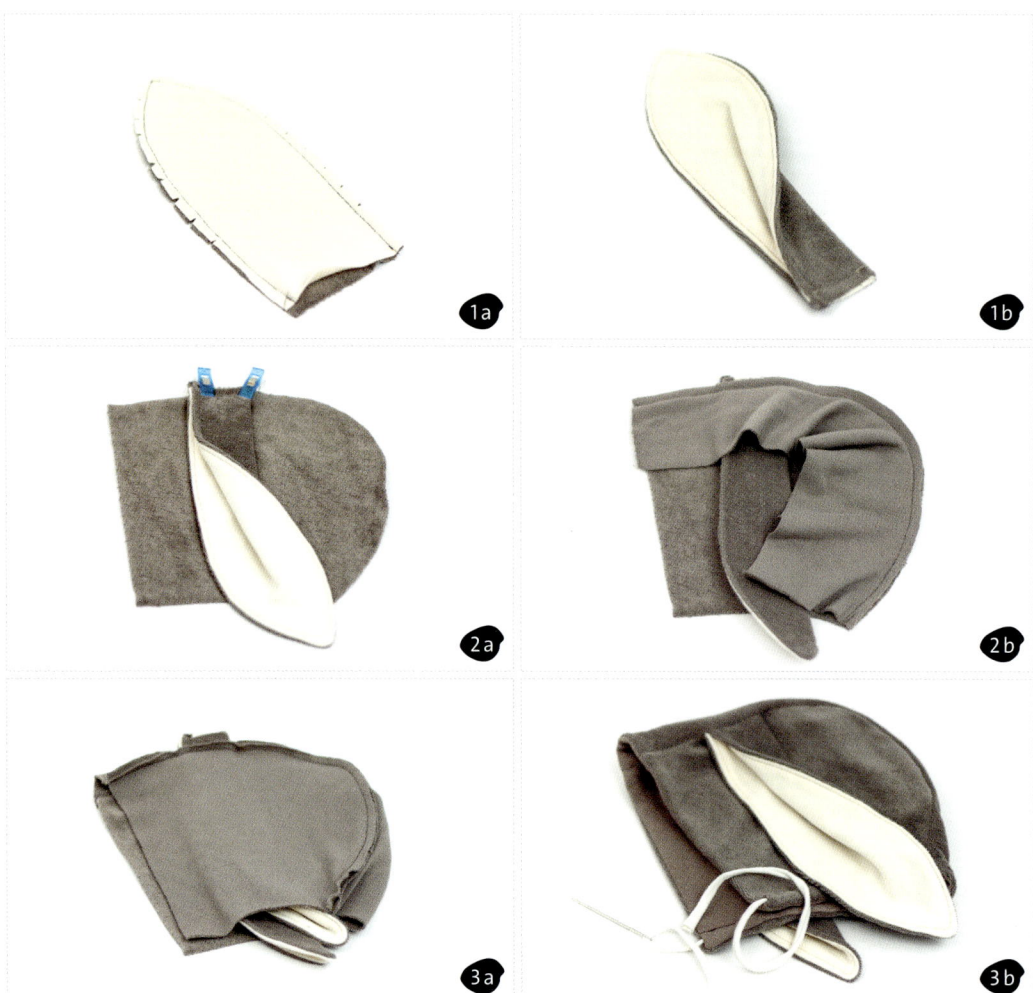

1. Nähe jeweils einen Ohrzuschnitt aus Stoff 1 rechts auf rechts an einen Zuschnitt aus Stoff 3. Die untere Kante bleibt offen. Wende das Ohr auf rechts, steppe es knappkantig ab. Lege das Ohr der Länge nach zusammen und fixiere es mit einer Heftnaht an der unteren Kante. Arbeite das zweite Ohr genauso.

2. Fixiere das Ohr auf der rechten Stoffseite des ersten Seitenteils. Nähe den Zwischenstreifen an das Seitenteil, achte darauf, dass die Stirn- und Nackenmarkierungen der Teile aufeinandertreffen.

3. Fixiere am zweiten Seitenteil das zweite Ohr und nähe dieses Seitenteil ebenfalls rechts auf rechts an die verbliebene Kante des Zwischenstreifens. Arbeite die Innenhaube nach demselben Prinzip. Stelle die Haube fertig wie in der „Grundanleitung Haube nähen" (Seite 20) beschrieben.

Flinker Freund – Fuchs

Fuchs: Maske

Schwierigkeit ●●●

GRÖSSEN

kleine Maske (3 bis 5 Jahre)/große Maske (6 bis 10 Jahre)

MATERIAL

- Stoff 1: Jersey in Rotbraun, 50 cm × 15 cm / 55 cm × 15 cm
- Stoff 2: Jersey in Weiß, 15 cm × 12 cm / 20 cm × 12 cm
- Stoff 3: Jersey in Schwarz, 3 cm × 3 cm / 3 cm × 3 cm
- Klebevlies (z. B. Vliesofix®), 3 cm × 3 cm
- Jerseynudel, 30 cm

(Alle Maßangaben in Breite × Höhe, kleine Größe/große Größe)

ZUSCHNEIDEN

Nach dem Zuschneiden alle Markierungen von den Schnittmustern auf die Stoffteile übertragen.

Stoff 1:
1 × Maskenrückseite im Stoffbruch
2 × Seitenteil

Stoff 2:
1 × Mittelteil im Stoffbruch

Stoff 3
1 × Applikation Nase

Maske nähen

Hinweis: Eine detaillierte Erklärung zu den einzelnen Nähschritten findest du in der „Grundanleitung geteilte Maske nähen", Seite 15.

1. Nähe die beiden Seitenteile rechts auf rechts entlang der vorderen Rundung zusammen. Lege das Mittelteil rechts auf rechts im Stoffbruch aufeinander. Nähe die untere und die obere Rundung zusammen.

2. Fixiere das Mittelteil rechts auf rechts auf dem vorbereiteten Seitenteil. Befestige die Teile zunächst so, dass ihre Mitten aufeinandertreffen, und verteile weitere Klammern, bis die Rundungen exakt aufeinandertreffen.

3. Nähe die Teile zusammen. Schneide die Nahtzugaben ein und bügle die entstandene Maskenvorderseite in Form. Steppe die Rundung von rechts ab, appliziere die Nase (siehe Grundanleitung „Applizieren", Seite 6) und nähe die Linien für das Gesicht auf.

4. Nähe an der Maskenrückseite die beiden Rundungen und stelle die Maske fertig wie in der „Grundanleitung einfache Maske nähen" (Seite 12) beschrieben.

Fuchs: Accessoires

Schwierigkeit ●●◐

GRÖSSEN

Einheitsgröße

MATERIAL

- Stoff 1: Baumwollplüsch in Rotbraun, 40 cm × 20 cm
- Stoff 2: Baumwollplüsch in Weiß, 30 cm × 20
- Stoff 3: Baumwollplüsch in Schwarz, 10 cm × 10 cm
- Volumenvlies, 10 mm dick, 15 cm × 10 cm
- Klebevlies (z. B. Vliesofix®), 10 cm × 10 cm
- Gummiband, 8 mm breit, 50 cm
- Mit Stoff bezogener Haarreif, 1 cm breit

(Alle Maßangaben in Breite × Höhe, kleine Größe/große Größe)

ZUSCHNEIDEN

Nach dem Zuschneiden alle Markierungen von den Schnittmustern auf die Stoffteile übertragen.

Stoff 1:
2 × Schwanz
2 × Ohr im Stoffbruch

Stoff 2:
2 × Schwanzspitze
2 × Applikation Innenohr

Stoff 3:
4 × Ohrspitze

Volumenvlies:
2 × Volumenvliesschablone Ohr

Schwanz nähen

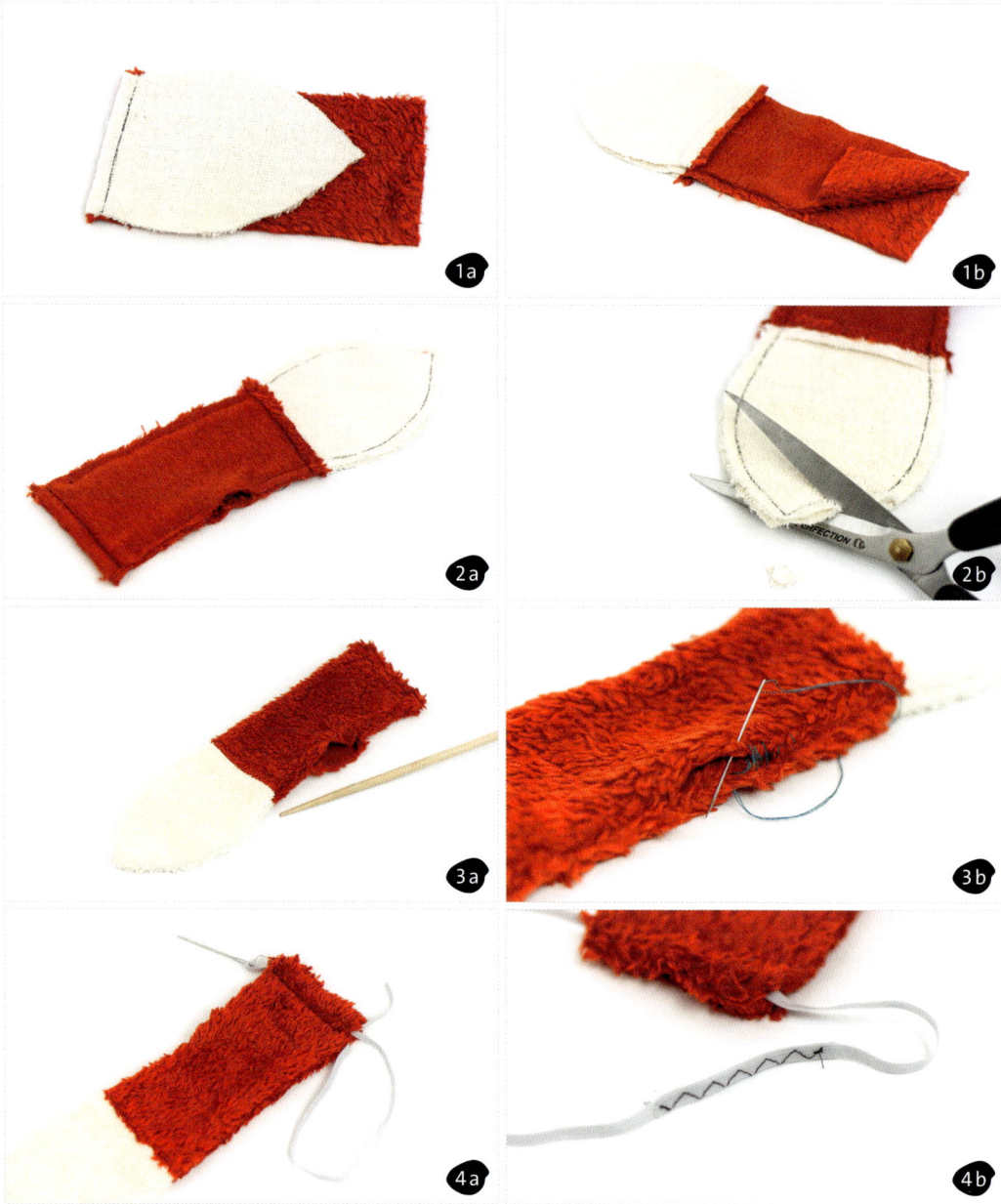

1a

1b

2a

2b

3a

3b

4a

4b

1. Nähe die Schwanzspitze rechts auf rechts an den Schwanz. Bügle die Nahtzugabe auseinander. Fertige den zweiten Teil des Schwanzes ebenso. Fixiere beide Schwanzteile rechts aufeinander.

2. Nähe die Teile so zusammen, dass an der geraden Kante Öffnungen für einen Tunnelzug und an einer der langen Kanten eine Wendeöffnung bleiben. Schneide die Nahtzugaben zurück bzw. ein.

3. Wende den Schwanz auf rechts. Steppe die untere Kante für den Tunnelzug im Abstand von 1 cm zur Kante ab. Schließe die Öffnung (siehe Grundanleitung „Wendeöffnung von Hand schließen", Seite 10).

4. Ziehe das Gummiband durch den Tunnelzug. Nähe die Enden etwa 5 cm überlappend aufeinander. Ziehe die Nahtstelle in den Tunnelzug hinein, um sie zu verstecken.

Ohren nähen

Hinweis: Eine detaillierte Erklärung zu den einzelnen Nähschritten findest du in der Grundanleitung „Ohren nähen", Seite 9.

1. Nähe zwei Ohrspitzen rechts auf rechts an die geraden Kanten eines der beiden Ohrzuschnitte. Bügle die Nahtzugaben auseinander und appliziere jeweils ein Innenohr auf dem Ohr (siehe Grundanleitung „Applizieren", Seite 6).

2. Klappe das Ohr entlang des Stoffbruchs zusammen, fixiere eine Lage Volumenvlies obenauf und nähe die Teile so zusammen, dass unten zwei Öffnungen für den Tunnelzug und eine Wendeöffnung bleiben. Wende das Ohr auf rechts.

3. Schließe die Wendeöffnung. Steppe die untere Kante im Abstand von 1 cm ab, sodass ein Tunnel entsteht. Arbeite das zweite Ohr genauso. Schiebe die Enden des Haarreifes durch die Tunnelzüge.

Gutmütige Schnüffelnase – Hund

Hund: Maske

Schwierigkeit

GRÖSSEN

kleine Maske (3 bis 5 Jahre)/große Maske (6 bis 10 Jahre)

MATERIAL

- Stoff 1: Jersey in Schokoladenbraun, 40 cm × 15 cm / 45 cm × 15 cm
- Stoff 2: Jersey in Natur, 15 cm × 15 cm / 15 cm × 15 cm
- Stoff 3: Jersey in Schwarz, 5 cm × 4 cm / 5 cm × 3 cm
- Stoff 4: Jersey in Rosa, 3 cm × 3 cm / 3 cm × 3 cm
- Klebevlies (z. B. Vliesofix®), 10 cm × 10 cm / 10 cm × 10 cm
- Jerseynudel, 30 cm

(Alle Maßangaben in Breite × Höhe, kleine Größe/große Größe)

ZUSCHNEIDEN

Nach dem Zuschneiden alle Markierungen von den Schnittmustern auf die Stoffteile übertragen.

Stoff 1:
1 × Maskenrückseite im Stoffbruch
2 × Seitenteil

Stoff 2:
1 × Mittelteil im Stoffbruch

Stoff 3:
1 × Applikation Nase

Stoff 4:
1 × Applikation Zunge

Maske nähen

Hinweis: Eine detaillierte Erklärung zu den einzelnen Nähschritten findest du in der „Grundanleitung geteilte Maske nähen", Seite 15.

1. Nähe zunächst die Seitenteile rechts auf rechts an das Mittelteil. Bügle die Nahtzugaben auseinander und steppe die Nähte von rechts knappkantig ab.

2. Lege das Teil rechts auf rechts im Stoffbruch aufeinander. Nähe die obere und untere Rundung zusammen. Appliziere Nase und Zunge (siehe Grundanleitung „Applizieren", Seite 6) und nähe die Linien für das Gesicht auf.

3. Nähe an der Maskenrückseite die beiden Rundungen und stelle die Maske fertig wie in der „Grundanleitung geteilte Maske nähen" (Seite 15) beschrieben.

Hund: Haube

Schwierigkeit

GRÖSSEN

49/50, 51/52, 53/54

MATERIAL

- Stoff 1: Baumwollplüsch in Schokoladenbraun, 60 cm × 45 cm
- Stoff 2: Baumwollplüsch in Dunkelbraun, 25 cm × 15 cm
- Stoff 3: Jersey in Natur, 25 cm × 15 cm
- Stoff 4: Jersey in Milchschokoladenbraun, 60 cm × 45 cm
- Jerseynudel, 22 cm lang

(Alle Maßangaben in Breite × Höhe, die Materialangaben gelten für die größte Größe.)

ZUSCHNEIDEN

Nach dem Zuschneiden alle Markierungen von den Schnittmustern auf die Stoffteile übertragen.

Stoff 1:
2 × Hundehaube Seitenteil
1 × Hundehaube Zwischenstreifen

Stoff 2:
2 × Hund Ohr

Stoff 3:
2 × Hund Ohr

Stoff 4:
2 × Hundehaube Seitenteil
1 × Hundehaube Zwischenstreifen

Haube nähen

Hinweis: Eine detaillierte Erklärung zu den einzelnen Nähschritten findest du in der „Grundanleitung Haube nähen", Seite 20.

1. Nähe jeweils einen Ohrzuschnitt aus Stoff 1 rechts auf rechts an einen Zuschnitt aus Stoff 3. Die untere Kante bleibt offen. Wende das Ohr auf rechts, steppe es knappkantig ab. Lege das Ohr der Länge nach zusammen und fixiere es mit einer Heftnaht an der offenen Kante. Arbeite das zweite Ohr genauso.

2. Fixiere das Ohr auf der rechten Stoffseite des ersten Seitenteils. Nähe den Zwischenstreifen an das Seitenteil, achte darauf, dass die Stirn- und Nackenmarkierungen der Teile aufeinandertreffen.

3. Fixiere am zweiten Seitenteil das zweite Ohr und nähe dieses Seitenteil ebenfalls rechts auf rechts an die verbliebene Kante des Zwischenstreifens. Arbeite die Innenhaube nach demselben Prinzip. Stelle die Haube fertig wie in der „Grundanleitung Haube nähen" (Seite 20) beschrieben.

Fleißige Pollensammlerin – Biene

Biene: Maske

Schwierigkeit ●●◌

GRÖSSEN

kleine Maske (3 bis 5 Jahre)/große Maske (6 bis 10 Jahre)

MATERIAL

- Stoff 1: Jersey in Honiggelb, 45 cm × 15 cm / 50 cm × 15 cm
- Stoff 2: Jersey in Schwarz, 10 cm × 10 cm / 12 cm × 12 cm
- Stoff 3: Jersey in Rosa, 10 cm × 5 cm / 10 cm × 5 cm
- Klebevlies (z. B. Vliesofix®), 12 cm × 12 cm / 15 cm × 15 cm
- Jerseynudel, 30 cm

(Alle Maßangaben in Breite × Höhe, kleine Größe/große Größe)

ZUSCHNEIDEN

Nach dem Zuschneiden alle Markierungen von den Schnittmustern auf die Stoffteile übertragen.

Stoff 1:
2 × Maske im Stoffbruch

Stoff 2:
1 × Applikation Streifen

Stoff 3:
2 × Applikation Wange

Maske nähen

Hinweis: Eine detaillierte Erklärung zu den einzelnen Nähschritten findest du in der „Grundanleitung einfache Maske nähen", Seite 12.

1. Lege einen der beiden Maskenzuschnitte im Stoffbruch rechts auf rechts aufeinander. Nähe den Zuschnitt entlang der Rundungen zusammen. Appliziere zunächst die Streifen (siehe Grundanleitung „Applizieren", Seite 6) und nähe die Linien für Mund und Nase auf.

2. Appliziere die Wangen. Stelle die Maske fertig wie in der „Grundanleitung einfache Maske nähen", Seite 12, beschrieben.

Biene: Accessoires

Schwierigkeit

GRÖSSEN

Einheitsgröße

MATERIAL

- Stoff 1: Tüll in Honiggelb, 55 cm × 45 cm
- Stoff 2: Filz in Honiggelb, 4 cm × 20 cm
- Gummiband, 8 mm breit, 75 cm
- Aluminiumdraht, Ø 2 mm, 130 cm
- Mit Stoff ummantelter Haarreif, 1 cm breit
- Pfeifenreiniger in Schwarz, 2 × 30 cm

(Alle Maßangaben in Breite × Höhe)

ZUSCHNEIDEN

Nach dem Zuschneiden alle Markierungen von den Schnittmustern auf die Stoffteile übertragen.

Stoff 1:
2 × Flügel im Stoffbruch

Stoff 2:
1 × Filzstreifen

Bienenflügel nähen

1. Nähe die beiden Flügelzuschnitte rechts auf rechts zusammen. Lass dabei eine Wendeöffnung wie im Schnittmuster markiert. Wende das Teil auf rechts. Steppe den kompletten Flügel im Abstand von 1 cm zur Kante rundherum ab, sodass ein Tunnel entsteht. Biege den Aludraht an der Spitze ein und schiebe ihn in den Tunnel.

2. Verdrehe die Enden des Drahtes sorgfältig miteinander, sodass keine spitzen Kanten übrig bleiben und sich die Enden nicht lösen können. Nähe die Enden des Gummibandes 3 cm überlappend aufeinander, sodass ein Ring entsteht.

3. Lege den Gummiring zur Hälfte. Nähe ihn im oberen Bereich mittig zwischen den Flügelblättern an. Umwickle die Flügelmitte mit dem Filzstreifen, sodass der Streifen die Drahtenden umschließt und gleichzeitig die Öffnung am Flügel verschließt.

4. Nähe den Filzstreifen auf die Flügel. Pass auf, dass die Nadel nicht den Draht trifft!

5. Biege die Flügel abschließend in Form. Zum Anziehen werden die Gummilaschen über die Arme gezogen.

Haarreif nähen

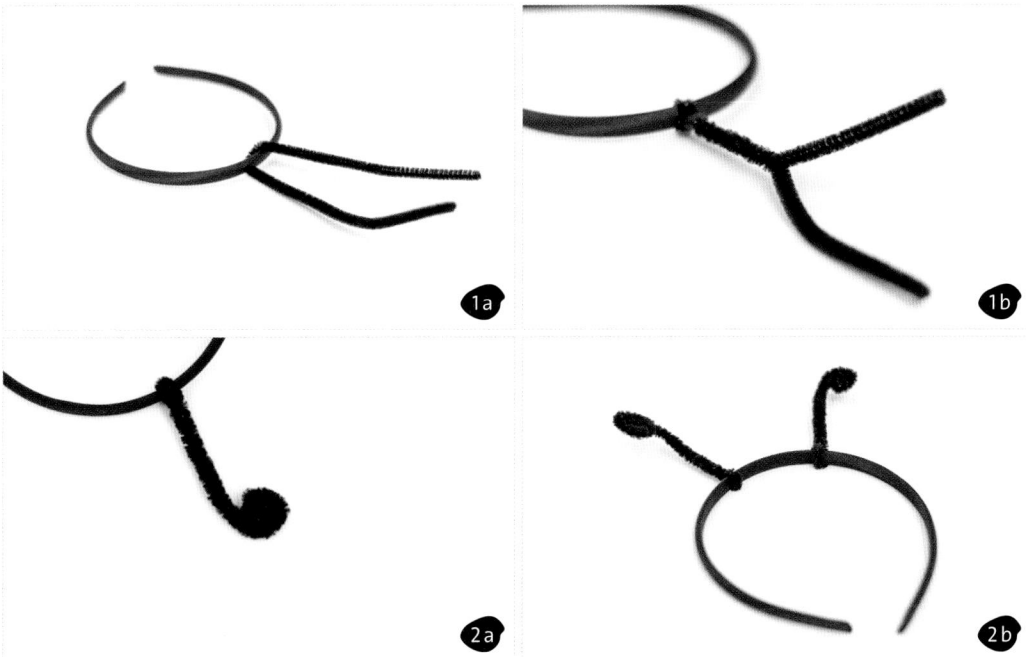

1. Lege einen 30 cm langen Pfeifenreiniger um den Haarreifen und verdrehe die Drähte straff miteinander.

2. Rolle die Enden des Drahtes schneckenförmig auf. Arbeite den zweiten Fühler genauso.

Kluger Kamerad – Schweinchen

Schwein: Maske

Schwierigkeit ●●●

GRÖSSEN

kleine Maske (3 bis 5 Jahre)/große Maske (6 bis 10 Jahre)

MATERIAL

- Stoff 1: Jersey in Hellrosa, 50 cm × 15 cm / 60 cm × 15 cm
- Stoff 2: Jersey in Dunkelrosa, 10 cm × 5 cm / 10 cm × 5 cm
- Klebevlies (z. B. Vliesofix®), 10 cm × 12 cm
- Jerseynudel, 30 cm

(Alle Maßangaben in Breite × Höhe, kleine Größe/große Größe)

ZUSCHNEIDEN

Nach dem Zuschneiden alle Markierungen von den Schnittmustern auf die Stoffteile übertragen.

Stoff 1:
2 × Maske im Stoffbruch
1 × Applikation Schnauze

Stoff 2:
2 × Applikation Wange

Maske nähen

Hinweis: Eine detaillierte Erklärung zu den einzelnen Nähschritten findest du in der „Grundanleitung einfache Maske nähen", Seite 12.

1. Lege einen der beiden Maskenzuschnitte im Stoffbruch rechts auf rechts aufeinander. Nähe die Teile entlang der Rundungen zusammen. Appliziere Schnauze und Wangen (siehe Grundanleitung „Applizieren", Seite 6) und nähe die Linien für Maul und Nasenlöcher auf.

2. Nähe an der Maskenrückseite die beiden Rundungen und stelle die Maske fertig wie in der „Grundanleitung einfache Maske nähen" (Seite 12) beschrieben.

Schwein: Accessoires

Schwierigkeit

GRÖSSEN

Einheitsgröße

MATERIAL

- Stoff 1: Jersey in Hellrosa, 70 cm × 25 cm
- Dünnes Volumenvlies zum Aufbügeln (z. B. Vlieseline® H 630), 20 cm × 20 cm
- Füllwatte, ca. 50 g
- Volumenvlies, 10 mm dick, 15 cm × 10 cm
- Gummiband, 8 mm breit, 50 cm
- Mit Stoff bezogener Haarreif, 1 cm breit

(Alle Maßangaben in Breite × Höhe, kleine Größe/große Größe)

ZUSCHNEIDEN

Nach dem Zuschneiden alle Markierungen von den Schnittmustern auf die Stoffteile übertragen.

Stoff 1:
2 × Ohr im Stoffbruch
2 × Ringelschwanz

Volumenvlies:
2 × Volumenvliesschablone Ohr

Ringelschwanz nähen

1. Nähe beide Zuschnitte für den Schwanz rechts auf rechts zusammen. Lass dabei wie im Schnittmuster angegeben eine Wendeöffnung und zwei Öffnungen für den Tunnelzug. Wende den Schwanz mithilfe eines Stäbchens auf rechts.

2. Steppe die gerade Kante mit 1 cm Abstand ab, sodass ein Tunnel entsteht. Stopfe den Schwanz mit Füllwatte aus.

3. Schließe die Öffnung (siehe Grundanleitung „Wendeöffnung von Hand schließen", Seite 10). Ziehe das Gummiband durch den Tunnel. Nähe die Enden gut 2 cm überlappend aufeinander, sodass ein Ring entsteht. Ziehe die Nahtstelle in den Tunnel, um sie zu verstecken.

Ohren nähen

Hinweis: Eine detaillierte Erklärung zu den einzelnen Nähschritten findest du in der Grundanleitung „Ohren nähen", Seite 9.

1. Nähe den Ohrenzuschnitt im Stoffbruch rechts auf rechts zusammen, das Volumenvlies liegt unten. Beginne die Naht, wie im Schnittmuster markiert, mit 1 cm Abstand zur Stoffbruchkante. Lass außerdem eine Wendeöffnung.

2. Wende das Ohr auf rechts. Lege an den Öffnungen die Nahtzugaben nach innen. Schließe die Wendestelle bis 1 cm zur unteren Kante. Steppe das Ohr rundherum mit 1 cm Abstand zur Kante ab, sodass unten ein Tunnel entsteht. Arbeite das zweite Ohr ebenso. Schiebe beide Ohren auf den Haarreifen.

Königliche Wuschelmähne – Löwe

Löwe: Maske

Schwierigkeit

GRÖSSEN

kleine Maske (3 bis 5 Jahre)/große Maske (6 bis 10 Jahre)

MATERIAL

- Stoff 1: Jersey in Honiggelb, 45 cm × 15 cm / 50 cm × 15 cm
- Stoff 2: Jersey in Weiß, 15 cm × 10 cm / 15 cm × 10 cm
- Stoff 3: Jersey in Schwarz, 3 cm × 2 cm / 3 cm × 2 cm
- Klebevlies (z. B. Vliesofix®), 15 cm × 15 cm
- Jerseynudel, 30 cm

(Alle Maßangaben in Breite × Höhe, kleine Größe/große Größe)

ZUSCHNEIDEN

Nach dem Zuschneiden alle Markierungen von den Schnittmustern auf die Stoffteile übertragen.

Stoff 1:
2 × Maske im Stoffbruch

Stoff 2:
1 × Applikation Maul

Stoff 3:
1 × Applikation Nase

Maske nähen

Hinweis: Eine detaillierte Erklärung zu den einzelnen Nähschritten findest du in der „Grundanleitung einfache Maske nähen", Seite 12.

1. Lege einen der beiden Maskenzuschnitte im Stoffbruch rechts auf rechts zusammen. Nähe die Teile entlang der Rundungen zusammen. Appliziere Maul und Nase (siehe Grundanleitung „Applizieren", Seite 6) und nähe die Linie für das Gesicht auf.

2. Nähe an der Maskenrückseite die beiden Rundungen und stelle die Maske fertig wie in der „Grundanleitung einfache Maske nähen" (Seite 12) beschrieben.

Löwe: Accessoires

Schwierigkeit ●●●

GRÖSSEN

Einheitsgröße

MATERIAL

- Stoff 1: Plüsch in Honiggelb, 40 cm × 25 cm
- Stoff 2: Filz in Braun, 45 cm × 32
- Stoff 3: Filz in Grau, 45 cm × 32 cm
- Gummiband, 8 mm breit, 50 cm
- Mit Stoff bezogener Haarreif, 1 cm breit

(Alle Maßangaben in Breite × Höhe, kleine Größe/große Größe)

ZUSCHNEIDEN

Nach dem Zuschneiden alle Markierungen von den Schnittmustern auf die Stoffteile übertragen.

Stoff 1:
2 × Schwanz
2 × Ohr im Stoffbruch

Stoff 2:
2 × Schwanzfransen
1 × Mähne im Stoffbruch

Stoff 3:
2 × Schwanzfransen
1 × Mähne im Stoffbruch

Schwanz nähen

1. Ein Schwanzzuschnitt bildet die untere Lage. Darauf legst du rechts auf rechts die drei Zuschnitte für die Schwanzfransen. Obenauf kommt der zweite Schwanzzuschnitt. Die rechten Stoffseiten zeigen zueinander. Nähe die Teile so zusammen, dass an der kurzen Kante Öffnungen für einen Tunnel und an einer langen Kante eine Wendeöffnung bleibt.

2. Wende den Schwanz auf rechts. Schließe die Öffnung von Hand (siehe Grundanleitung „Wendeöffnung von Hand schließen", Seite 10). Schneide die Fransen in schmale Streifen. Steppe die kurze Seite des Schwanzes mit Abstand von 1 cm ab, sodass ein Tunnel entsteht. Miss den Bauchumfang des Kindes ab und ziehe ein Gummiband in entsprechender Länge durch den Tunnel. Nähe das Gummiband 5 cm überlappend zusammen und ziehe die Nahtstelle abschließend in den Tunnel hinein.

Haarreif mit Ohren und Mähne nähen

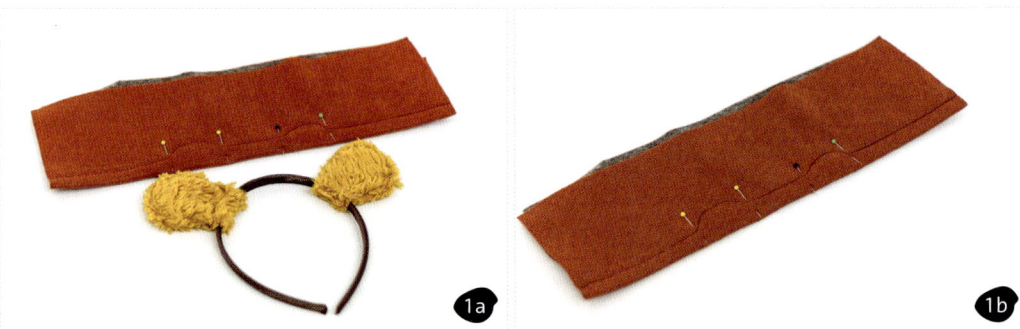

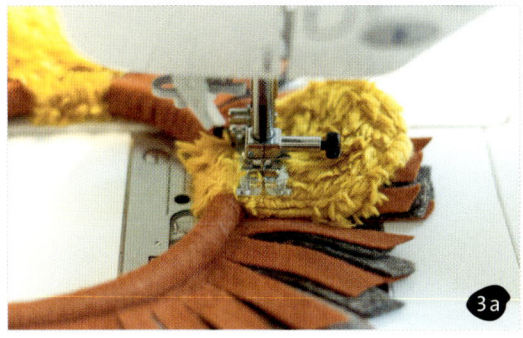

1. Folge für die Ohren der Grundanleitung „Ohren nähen" (Seite 9). Ziehe die Ohren auf den Haarreif und miss die Abstände zwischen den Ohren ab. Lege die Zuschnitte für die Mähne ineinander, sodass sich die Stoffbrüche treffen. Markiere die Ohrabstände auf dem Stoff. Steppe den Mähnenzuschnitt mit 1,5 cm zur Stoffbruchkante ab, sodass ein Tunnel entsteht. Zwischen den Abstandsmarkierungen für die Ohren macht die Naht jeweils eine Rundung.

2. Schneide zuerst den Bereich unterhalb der Ohrmarkierungen frei und danach die Mähne in Streifen. Schiebe den Haarreifen durch den Tunnel der Mähne. Setze dabei die Ohren in die Aussparungen an der Mähne.

3. Überprüfe am Kind, ob die Position der Ohren gut aussieht. Wenn alles sitzt, nähe die Ohren auf der Mähne fest. Stutze die Mähne abschließend auf deine Wunschschlänge. **Tipp:** Die Mähne steht schöner, wenn ihre Streifen nicht zu lang sind.

Tipp: Einfache Variation – so wird der Löwe zum Tiger oder Leoparden

Wähle einen Jerseystoff mit Leomuster, um mit dem Löwen-Schnittmuster einen Leoparden zu nähen. Um den Löwen in einen Tiger zu verwandeln, brauchst du ihm nur rechts und links jeweils drei zusätzliche Tigerstreifen zu applizieren. Eine Vorlage dafür findest du im Schnittbogen.

Niedliches Samtpfötchen – Katze

Katze: Maske

Schwierigkeit

GRÖSSEN

kleine Maske (3 bis 5 Jahre)/große Maske (6 bis 10 Jahre)

MATERIAL

- Stoff 1: Jersey in Dunkelgrau, 50 cm × 15 cm / 60 cm × 15 cm
- Stoff 2: Jersey in Natur, 15 cm × 10 cm / 12 cm × 8 cm
- Stoff 3: Jersey in Rosa, 4 cm × 4 cm / 3 cm × 3 cm
- Stoff 4: Jersey in Hellblau, 10 cm × 5 cm / 7 cm × 5 cm
- Klebevlies (z. B. Vliesofix®), 20 cm × 10 cm / 25 cm × 10 cm
- Nylonfaden Ø 0,4 mm in Schwarz, ca. 50 cm
- Jerseynudel, 30 cm

(Alle Maßangaben in Breite × Höhe, kleine Größe/große Größe)

ZUSCHNEIDEN

Nach dem Zuschneiden alle Markierungen von den Schnittmustern auf die Stoffteile übertragen.

Stoff 1:
2 × Maske im Stoffbruch

Stoff 2:
1 × Applikation Mäulchen

Stoff 3:
1 × Applikation Nase

Stoff 4:
2 × Applikation Wange

Maske nähen

Hinweis: Eine detaillierte Erklärung zu den einzelnen Nähschritten findest du in der „Grundanleitung einfache Maske nähen", Seite 12.

1. Lege einen der beiden Maskenzuschnitte im Stoffbruch rechts auf rechts aufeinander. Nähe die Teile entlang der Rundungen zusammen. Bügel zunächst das Mäulchen wie in der Grundanleitung „Applizieren" (Seite 6) beschrieben fest und nähe die Linien für die Schnauze mit schwarzem Garn nach.

2. Nach dem gleichen Prinzip fixierst du noch die Nase und die Wangen und umnähst ebenfalls ihre Konturen.

3. Nähe an der Maskenrückseite die beiden Rundungen und stelle die Maske fertig wie in der „Grundanleitung einfache Maske nähen" (Seite 12) beschrieben. Nähe für einen dreidimensionalen Effekt jeweils drei Nylonfäden an die Nase, um Schnurrhaare anzudeuten. **Tipp:** Nylonfaden lässt sich bei niedriger Temperatureinstellung mit dem Bügeleisen glätten und in Form bringen.

Katzen: Ohren

Schwierigkeit

GRÖSSEN

Einheitsgröße

MATERIAL

- Stoff 1: Baumwollplüsch in Dunkelgrau, 20 cm × 15 cm
- Stoff 2: Jersey in Natur, 10 cm × 5 cm
- Volumenvlies, 10 mm dick, 15 cm × 10 cm
- Mit Stoff bezogener Haarreif, 1 cm breit

(Alle Maßangaben in Breite × Höhe, kleine Größe/große Größe)

ZUSCHNEIDEN

Nach dem Zuschneiden alle Markierungen von den Schnittmustern auf die Stoffteile übertragen.

Stoff 1:
2 × Ohr im Stoffbruch

Stoff 2:
2 × Applikation Innenohr

Volumenvlies:
2 x Ohrverstärkung

Ohren nähen

Hinweis: Eine detaillierte Erklärung zu den einzelnen Nähschritten findest du in der Grundanleitung „Ohren nähen", Seite 9.

1. Appliziere das Innenohr auf der rechten Stoffseite des Ohrs (siehe Grundanleitung „Ohren nähen", Seite 9). Nähe den Ohrenzuschnitt im Stoffbruch rechts auf rechts zusammen, fasse dabei als obere Lage den Volumenvlieszuschnitt mit. Beginne die Naht, wie im Schnittmuster markiert, mit 1 cm Abstand zur Stoffbruchkante. Lass außerdem eine Wendeöffnung.

2. Wende das Ohr auf rechts. Lege an den Öffnungen die Nahtzugaben nach innen. Schließe die Wendestelle bis 1 cm zur unteren Kante. Steppe das Ohr mit 1 cm Abstand zur Unterkante ab, sodass unten ein Tunnel entsteht.

3. Arbeite das zweite Ohr ebenso. Schiebe beide Ohren auf den Haarreifen.

Flauschiger Eukalyptusliebhaber – Koala

Koala: Maske

Schwierigkeit

GRÖSSEN

kleine Maske (3 bis 5 Jahre)/große Maske (6 bis 10 Jahre)

MATERIAL

- Stoff 1: Jersey in Hellgrau, 45 cm × 15 cm / 50 cm × 15 cm
- Stoff 2: Jersey in Schwarz, 10 cm × 10 cm / 15 cm × 15 cm
- Stoff 3: Jersey in Rosa, 10 cm × 10 cm / 10 cm × 10 cm
- Stoff 4: Jersey in Weiß, 10 cm × 5 cm / 10 cm × 5 cm
- Klebevlies (z. B. Vliesofix®), 10 cm × 10 cm / 15 cm × 10 cm
- Jerseynudel, 30 cm

(Alle Maßangaben in Breite × Höhe, kleine Größe/große Größe)

ZUSCHNEIDEN

Nach dem Zuschneiden alle Markierungen von den Schnittmustern auf die Stoffteile übertragen.

Stoff 1:
1 × Maskenrückseite im Stoffbruch
1 × Seitenteil im Stoffbruch

Stoff 2:
1 × Nase im Stoffbruch

Stoff 3:
2 × Applikation Wange
1 × Applikation Zunge

Stoff 4:
1 × Applikation Bereich unter der Nase

Maske nähen

Hinweis: Eine detaillierte Erklärung zu den einzelnen Nähschritten findest du in der „Grundanleitung geteilte Maske nähen", Seite 15.

1. Bügle zunächst die Wangen, die Zunge und den Bereich unter der Nase auf die rechte Stoffseite des Zuschnitts für das Seitenteil (siehe Grundanleitung „Applizieren", Seite 6). Umnähe die Konturen der Teile in passendem Garn. Nähe anschließend die Nase rechts auf rechts in den Ausschnitt am Seitenteil.

2. Schneide die Nahtzugaben auf der Stoffrückseite ein, damit sich die Nase in Form legt. Bügel alles in Form. Nähe noch den Mund mit schwarzem Garn auf.

3. Lege die Maske im Stoffbruch rechts auf rechts und nähe sie entlang der oberen und unteren Rundung zusammen. Wiederhole diesen Schritt für die Rückseite der Maske und nähe beide Teile rechts auf rechts zusammen. Stelle die Maske fertig wie in der „Grundanleitung geteilte Maske nähen" (Seite 15) beschrieben.

4. Ziehe zum Schluss noch die Jerseynudeln durch die Tunnelzüge an den Seiten der Maske. Mit dem passenden Haarreifen wird der Koala-Look perfekt

Koala: Haarreif

Schwierigkeit

GRÖSSEN

Einheitsgröße

MATERIAL

- Stoff 1: Baumwollplüsch in Hellgrau, 25 cm × 20 cm
- Stoff 2: Jersey in Weiß, 15 cm × 6 cm
- Klebevlies (z. B. Vliesofix®), 15 cm × 6 cm
- Volumenvlies, 10 mm dick, 25 cm × 10 cm
- Mit Stoff ummantelter Haarreif, 1 cm breit

(Alle Maßangaben in Breite × Höhe)

ZUSCHNEIDEN

Nach dem Zuschneiden alle Markierungen von den Schnittmustern auf die Stoffteile übertragen.

Stoff 1:
2 × Ohr im Stoffbruch

Volumenvlies:
2 × Ohr Volumenvliesschablone

Haarreif mit Ohren nähen

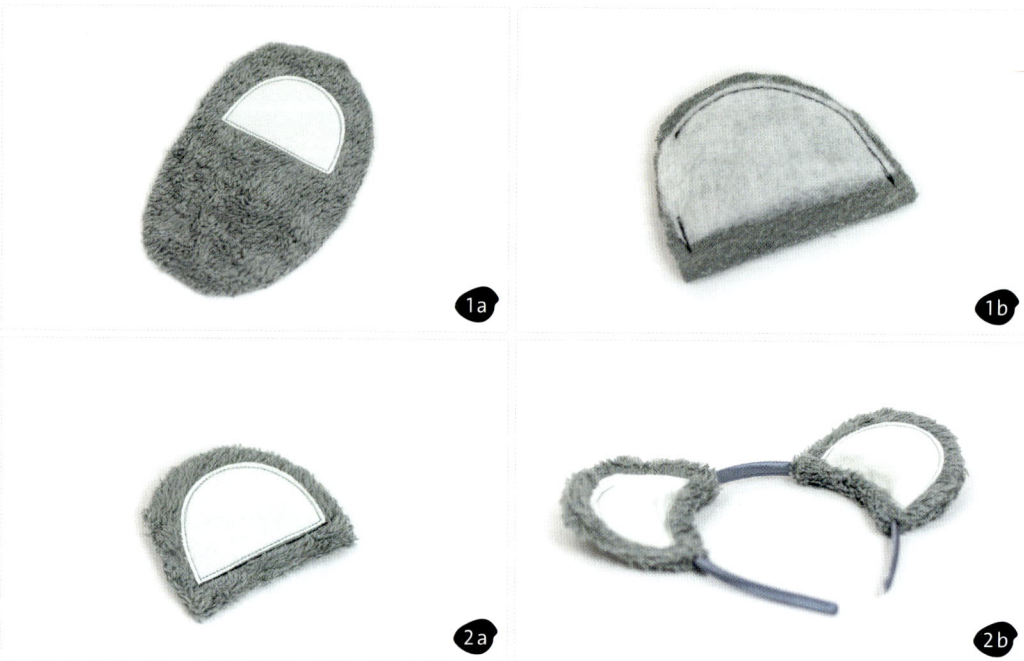

1. Appliziere das Innenohr rechts auf rechts auf dem Ohrzuschnitt (siehe Grundanleitung „Applizieren", Seite 6). Lege das Ohr im Stoffbruch zusammen, die rechte Stoffseite liegt innen. Positioniere das Volumenvlies als oberste Lage. Nähe das Ohr entlang der Rundung zusammen. Beginne und beende die Naht mit 1 cm Abstand zur geraden Kante. Lass eine Wendeöffnung.

2. Wende das Ohr auf rechts. Schließe die Wendeöffnung (siehe Grundanleitung „Wendeöffnung von Hand schließen", Seite 10). Steppe das Ohr mit 1 cm Abstand zur unteren Kante ab, sodass ein Tunnel entsteht. Arbeite das zweite Ohr genauso. Schiebe beide Ohren auf den Haarreifen.

Dank

Die Modelle in diesem Buch wären ohne die Unterstützung von *C. Pauli – Nature* nicht halb so schön. Vielen Dank, dass Sie die Stoffe für die Modelle zur Verfügung gestellt haben. Nicht weniger wichtig als wunderbare Stoffe sind Schnittmustertests. Andrea und Carina, ein dickes Dankeschön für eure durchnähten Nächte, euer Feedback und die viele Mühe, die ihr euch gemacht habt. Finja, Joris, Johann, Luisa, Raya, Mai, Alejandro, Carmen, Alwin, Helene, Larson und Fritzi, ihr erst haucht dem Buch mit eurer Fröhlichkeit so richtig Leben ein, von Herzen danke fürs Modellstehen. Louise, danke für dein kreatives Auge, fürs Zuhören und Mutmachen. Amac, wie gut, dass es endlich gut geworden ist! Und zum wichtigen Schluss: Ein riesiges Dankeschön an meine Familie, die mir so oft den Rücken freihält und über keine noch so verrückte Idee den Kopf schüttelt.

Franziska Lange

Das Text-Bild-Team

FRANZISKA LANGE

Mit dem Selbermachervirus hat sich Franziska Lange, geboren 1985, vermutlich schon in Kindertagen infiziert. Denn noch ehe etwas Neues in der Familie angeschafft werden konnte, war da seit jeher die Frage, ob man das nicht auch selber machen könne. Und meistens lieferten die geschickten Hände ihrer Eltern und Großeltern schon die Antwort, bevor der Gedanke ans Kaufen aufkommen konnte. Nähen, zeichnen, schreiben und entwerfen – das gehörte schon seit jeher zu ihrem Leben. Ebenso wie das lustige Gackern, Scharren, Meckern und Wiehern der Tiere auf dem Hof, auf dem sie aufgewachsen ist.

Über Umwege führte sie ihr Magisterstudium der Germanistik und Geschichte zurück in diese kreativen Gefilde. Zunächst als Journalistin, die mit Worten Neues entwirft, und seit 2013 auch mit ihrem Label "von Lange Hand". Die Inspiration zu ihren Ideen liefern nicht selten ihre drei Kinder. In ihrer Schnittmustermanufaktur in Dresden entstehen Nähanleitungen für alles, was junge Familien fröhlich macht, vom Kuscheltier bis hin zur Wickeltasche. Über ihre Ideen und Entwürfe bloggt sie regelmäßig auf *www.vonlangehand.de*.

AMAC GARBE

Der halbchilenische Fotograf Amac Garbe, 1979 in Dresden geboren, ist für verschiedene Auftraggeber quer durch Deutschland im Einsatz. Immer mit der Bahn, um klimafreundlich von Nord nach Süd, von Ost nach West zu reisen. Aus dem Alltag einer Zeitungsredaktion stammend, liegt sein Schwerpunkt seit der Jahrtausendwende besonders bei Reportagefotografie und illustrierender Fotografie. Im Fokus seiner Arbeit liegt überwiegend der Mensch mit seiner Umgebung. Zudem beschäftigt er sich mit seriellen Fotoprojekten wie „Unter Lampen", „Scherzkekse beim Naschen", „Familienbilder" oder „Uhrwerk" für Ausstellungen und Publikationen. Seit 2016 ist Amac Garbe Mitgründer sowie Mitherausgeber und Fotograf des deutschlandweit jährlich einmal erscheinenden Buchmagazins „Stadtluft Dresden".

Gemeinsam mit Franziska Lange arbeitet er seit 2005 immer wieder für unterschiedliche Medien als Text-Bild-Team. Im Rahmen der „Tierischen Verwandlung" standen Mädchen und Jungen vor Amac Garbes Kamera, die hinter ihrer Verkleidung heimlich unbemerkt so viele Grimassen schneiden durften, wie sie wollten – in den Städten Dresden, Hannover, Köln und Berlin.
www.amacgarbe.de

Dieses Buch entstand mit freundlicher Unterstützung von:

C.PAULI NATURE

Slow Fashion Fabrics

Seit 2010 entstehen im Oberbergischen Land bei Köln, unter der Leitung von Firmengründerin Claudia Pauli, Stoffkollektionen mit höchstem Anspruch an Nachhaltigkeit und zeitgemäßem Design.

Zur Nachvollziehbarkeit der Stoffproduktion ist C.Pauli Nature GOTS (global organic textile standard) zertifiziert. Das bedeutet, dass die gesamte Produktionskette von der Fasergewinnung bis zum fertigen Stoff strengen umwelt- und sozialverträglichen Kriterien unterliegt und von unabhängigen Instituten regelmäßig geprüft wird.

Mit einer großen Auswahl an Qualitäten, Farben und Mustern lassen sich trendige Styles aus hautfreundlichen und anschmiegsamen Stoffen kreieren, die Hobbyschneider und Designlabel gleichermaßen begeistern.

www.c-pauli.de.

Originalausgabe

1. Auflage

© 2020 Verlag Friedrich Oetinger GmbH,

Max-Brauer-Allee 34, 22765 Hamburg

migo im Verlag Friedrich Oetinger, Hamburg

Idee und Text: Franziska Lange

Fotografie (Cover; S. 4, 24, 30, 36, 40, 46, 52, 58, 64, 70, 76, 82, 88, 94–95): Amac Garbe

Fotografie (Umschlagrückseite; S. 6–22, 26, 28–29, 32, 34–35, 38–39, 42, 44, 48, 50, 54, 56–57, 60, 62, 66–69, 72, 74–75, 78, 80–1, 84, 86, 90, 92–93): Franziska Lange

Alle Rechte vorbehalten

Satz und Layout: G&U Language & Publishing Services GmbH, Flensburg

Druck und Bindung: Livonia Print SIA,

Ventspils iela 50, LV-1002 Riga, Lettland

Printed 2020

ISBN 978-3-96846-026-0

www.migo-verlag.de